# 走进陇南

ZOUJIN LONGNAN

罗卫东

编著

甘肃教育出版社

图书在版编目（CIP）数据

走进陇南 / 罗卫东编著. -- 兰州 : 甘肃教育出版社, 2022.5
（走进甘肃旅游文化丛书）
ISBN 978-7-5423-5337-5

Ⅰ. ①走… Ⅱ. ①罗… Ⅲ. ①旅游文化—陇南 Ⅳ. ①F592.742.3

中国版本图书馆CIP数据核字(2022)第068251号

走进陇南
ZOUJIN LONGNAN
罗卫东 编著

项目策划 薛英昭 刘正东
项目执行 刘正东
责任编辑 刘正东
封面设计 MM 末末美书

出　版 甘肃教育出版社
社　址 兰州市读者大道 568 号 730030
网　址 www.gseph.cn E-mail gseph@duzhe.cn
电　话 0931-8436489(编辑部) 0931-8773056(发行部)
传　真 0931-8435009
淘宝官方旗舰店 http://shop111038270.taobao.com

发　行 甘肃教育出版社 印　刷 成都市金雅迪彩色印刷有限公司
开　本 880 毫米×1230 毫米 1/32 印　张 9.75 插　页 1 字　数 230 千
版　次 2022 年 5 月第 1 版
印　次 2022 年 5 月第 1 次印刷
印　数 1~2 000
书　号 ISBN 978-7-5423-5337-5 定　价 65.00 元

# 写在前面的话

陇南市，甘肃省地级市，位于甘肃省东南部，因其地处陇山以南而得名。

陇南古称西垂。西垂，又作西陲，是西部边疆之意。因此，说到陇南，在人们的印象中，不外乎是西北、沙漠、戈壁、荒凉、贫瘠、闭塞、落后等概念，实际上，这是一种误解。的确，现今的陇南，经济还欠发达，信息比较闭塞，但这只不过是同发达地区相比而言，并不等于陇南自古以来就是穷山恶水、经济落后之地。

人们之所以产生误解，是由于人们对当代陇南了解不够，对于古代陇南更是知之甚少，而这种误解久久不能消除的重要原因之一，就是我们对陇南复杂的地情研究不够，对陇南灿烂的历史文化宣传不够，对陇南生机勃勃的发展活力介绍不够。

打开中国地图，横亘于中国大陆版图中部东西走向的山脉有两条，东部是秦岭山脉，西部是昆仑山脉，两条山脉之间有个豁

陇南市位于甘肃省东南端，美丽的白龙江穿城而过

口地带，沟通西北地区和西南地区。这个豁口地带由嘉陵江、西汉水、白龙江三条自北而南的河流构成，这三条河流都属于长江水系，形成贯通南北的重要通道，陇南市就位于这三条河流域内。由此而言，陇南市也是沟通西北地区和西南地区的交通要道。

陇南市位于祖国腹地，是一块古老神奇而又美丽异常的土地。

陇南市花——迎春花

陇南地处北纬32°35′45″至34°32′00″之间，山川相间，河谷纵横，是自然生态复杂、自然风光优美的地方。既有北国之雄奇，又具南国之灵秀，山川锦绣，气候温润，3800多条大小河流，45%的森

林覆盖率，生物、矿产和水力资源富集，风景名胜遍布全市各地，民俗风情独具风韵，旅游资源异常丰富，令人心向神往、流连忘返，素有“陇上江南”之美称，被地质学家李四光称为“宝贝的复杂地带”。

陇南秀美壮丽的河山，悠久厚重的历史，为陇南大地孕育了一大批辉煌灿烂的文化遗存。陇南是中华民族的发祥地之一，早在 7000 多年前，人类的祖先就在这片土地上繁衍生息，人文遗迹众多，文化积淀深厚，仰韶文化、马家窑文化、齐家文化、寺洼文化遗存遍布陇南大地。史书记载，华夏人文始祖伏羲“生于仇池，长于成纪”，西和县西南的仇池山，成为历代文人神往的“桃源仙境”。礼县大堡子山秦西垂陵园出土的大量文物证实，西汉水流域就是秦王朝发祥、壮大、崛起之地，也是秦文化的源头。

陇南市树——油橄榄树

特殊的人文环境和地理位置，使陇南在传承民族文化传统、吸收外来文化营养的历史进程中，发挥了独特作用，成为东西民族相融、南北文化交会的大舞台。千百年沧桑岁月的融合、演进、变迁和一代代人的创造、积累、积淀，熔铸了陇南底蕴深厚、独具特色的历史文化——古老神奇的伏羲文化、博大精深的先秦文化、瑰丽多彩的西狭文化、风云激荡的三国文化、神秘奥妙的白马文化、情趣独特的乞巧文化、兼容并蓄的茶马古道文化。这些丰富多彩的文化现象，映现出陇南独有的风韵，如同一幅纵横古今的壮美画卷,折射出陇南历史文化深远厚重和经久不衰的魅力；领异标新，相映生辉，启迪着民族的心智，推动着历史的进程，极大地丰富了中华民族传统文化的内涵。

陇南地理位置独特，自古以来就是兵家必争之地，素有“秦陇锁钥、川蜀门户”之称，在中国历史发展的各个时期，都绘制出了波澜壮阔、可歌可泣的壮丽画卷。三国时期，陇南是魏蜀争夺的军事要地，诸葛亮六出祁山、西城弄险、木门设伏，邓艾偷渡阴平、迫降蜀国，留下了许多遗迹和传说。魏晋南北朝时期，氐族杨氏以仇池山为中心，先后建立起前仇池国、后仇池国、武都国、武兴国、阴平国五个军事割据政权，前后绵延达300多年；羌人建立宕昌国历时140余年，在历史上都有过重要影响。自此以后，几乎所有大的动荡都波及陇南：蒙古军先据陇南而后东进灭宋，明初傅友德先破陇南而后南下入川，明末李自成、张献忠等率农民起义军先后转战于此。

特别在20世纪30年代，习仲勋等人在这里发动两当兵变，中国工农红军第一、二、四方面军及红二十五军四支主力长征途中都先后途经陇南，党中央在哈达铺作出了会师陕北、建立抗日革命根据地的重大决策，留下了弥足珍贵的红色印记，在中国革命史上有着重要地位。

西和县晚霞湖，岸边柳枝拂动，芦苇交错，湖中霞光山色，变幻莫测，相映成趣

陇南的历史不仅仅是群雄逐鹿、金戈铁马，或农桑、或经济、或宗教、或艺术，都曾演绎出一幕又一幕动人的历史画卷，留下众多轶闻典故，涌现出一批历史名人和文化珍品，丰富了陇南文化的内涵，提升了陇南文化的影响力。

陇南社会经济曾有过十分辉煌的时期，但魏晋以来长达1000多年连续不断的战乱，以及不合理的开发，使陇南的自然环境和生产条件遭到较大破坏。中华人民共和国成立后，陇南人民在中国共产党的领导下，进行了广泛深刻的社会变革，特别是改革开放以来，人民群众的生产积极性空前高涨，农业、工业、交通、通讯、文教、卫生等领域发展迅速，人民的生活水平得到了明显的提升。

陇南正以悠久的历史、神奇的山水、富集的资源、无穷的魅力吸引着八方宾客前来旅游观光、投资兴业。

到陇南来吧！这里气候温和，夏无酷暑，冬无严寒，是可以枕着江水涛声入梦的地方。

到陇南来吧！这里风景别致，既有南国山水的秀丽柔美，又有北方山区的雄浑阳刚。

康县阳坝地区气候湿润，物产丰富，灵山秀水，绿冠群峰，风景诱人

进入陇南，在神秘的大山褶皱深处，每一座山，每一条河流，都值得你用脚去慢慢丈量，值得你用心去细细体会，你的心灵会得到意外喜悦。

诗人尚建荣在《在陇南》中写道：

在陇南你会看到：
一只大熊猫在竹林漫步
两只锦鸡在偷吃快熟的菜籽
三条娃娃鱼蹲在岸边婴儿般伤心哭泣
四朵牵牛花举起喇叭在篱笆上

宕昌县特殊的地理位置和多变的气候，赋予了宕昌丰富的生物、矿产和水力资源

嫁娶一个炊烟缭绕的早晨
在陇南你会看到：
那些河流它掏遍口袋要把沙金给你
那些飞鸟常把天空大海一样晃荡
——很有可能它还会
让你的四肢做桨把不肯离去的群山
划向生活的远方

到陇南来吧！
你还犹豫什么？

# 目　录

## 第一单元　早知有陇南　何必下江南

## 第二单元　一首歌　一首诗　道不尽昔日沧桑



## 第三单元　就在一转眼　万水和千山

第一单元

# 早知有陇南 何必下江南

红陶人头像

红陶人头像，属国家一级文物，现藏于礼县博物馆。1924年7月，著名瑞典地质专家安特生的助手白万玉在礼县石桥镇高寺村发现了高寺头遗址。高寺头遗址文化类型多样，以仰韶文化为主，尤为珍贵的是一件女性头部塑像（也称『少女头像』）。塑像为陶质，色泽橙黄，现残存部分高为12.5厘米，宽8.5厘米。五官部分用堆塑与锥镂相结合的手法雕塑而成，双目深沉，鼻梁高挺，嘴唇微启，头戴一串珠状装饰物，双耳有耳环洞孔，十分美丽生动。该塑像以极为洗炼的艺术手法，塑造了母系氏族公社繁盛时期的少女形象，是原始社会遗存下来的一件极其珍贵的艺术珍品。

陇南市位于甘肃省东南部，扼陕、甘、川三省要冲，是甘肃省唯一的长江流域地区，是一块美丽而神奇的土地。境内地形地貌复杂，海拔高度相差悬殊，南北温差较大，气候温和，山川秀丽，河谷纵横，既有北国之雄奇，又具南国之灵秀。风景名胜遍布全市各地，民俗风情独具风韵，旅游资源异常丰富，令人心向神往、流连忘返，素有“陇上江南”之美称，被地质学家李四光称为“宝贝的复杂地带”。陇南是一块潜力巨大、亟待开发的热土。

# 一、建置区划

## 1. 政区概况

陇南市，甘肃省地级市，位于甘肃省东南部，北与天水市秦州区、麦积区、武山县、甘谷县接壤；南抵四川盆地，与广元市青川县、绵阳市平武县和阿坝州九寨沟县毗连；西依甘南高原与迭部县、舟曲县和定西市的岷县；东接秦巴山地，与陕西省汉中市宁强县、略阳县、勉县和宝鸡市凤县为邻。地理坐标为东经 104° 01′ 19″ 至 106° 35′ 20″，北纬 32° 35′ 45″ 至 34° 32′ 00″。全市东西长约 237 千米，南北宽约 230.5 千米，土地面积 27923 平方千米，占全省面积的 8.67%。地理位置处于祖国大陆行政区划的几何中心。如果你在中国大陆版图的正中建一个平面直角坐标系，坐标系的中心位置就在陇南范围之内。

如果说甘肃省的形状如同一柄如意，那么位居甘肃省东南端的陇南市就是这柄如意上镶嵌的一颗最水灵的翡翠，晶莹剔透，翠绿欲滴。

陇南市辖武都区1个区和宕昌县、文县、成县、康县、西和县、礼县、徽县、两当县8个县，共有4个街道办事处、104个镇、91个乡（含4个民族乡），3203个行政村。

至2021年末，全市总人口285.55万人，常住人口240.72万人，其中城镇人口87.08万人，城镇化率为36.18%。主要有汉、回、藏等30个民族，其中汉族人口最多，占总人口的97.8%，少数民族占2.2%。

陇南是甘肃省唯一全境属于长江水系的地区，境内高山、河谷、丘陵、盆地交错，气候垂直分布，地域差异明显。山地面积约占总面积的90%以上，丘陵盆地不足10%，统称陇南山地。

陇南市区一角

武都区五马乡位于陇南南部，山清水秀，风景如画

在这块占甘肃省面积不到百分之十的土地上，就建设有3个国家级自然保护区（白水江国家级自然保护区、甘肃裕河国家级自然保护区、小陇山国家级自然保护区）、1个省级自然保护区（文县尖山大熊猫自然保护区）、4个国家森林公园（文县天池国家森林公园、宕昌官鹅沟国家森林公园、成县鸡峰山国家森林公园、腊子口国家森林公园）、2个国家湿地公园（文县黄林沟国家湿地公园、康县梅园河国家湿地公园）和7个省级自然保护区。

陇南市堪称“陇蜀之城”，秦陇文化与巴蜀文化，汉族文化与藏、回等民族文化相互融合，使陇南地域文化呈现南北交融、古今并存的显著特色。汉、藏、回和古氐、羌等民族长期聚居，形成了多姿多彩的风俗民情。“陇蜀之城”是陇蜀地域相连之城、

康县阳坝，气候温和，四季如春，实在不像人们想象中的“大西北”

陇蜀历史相承之城、陇蜀民族相融之城、陇蜀文化相会之城。

陇南市先后荣获“中国最佳生态旅游城市”“中国最佳休闲旅游目的地”“全国电商扶贫示范市”“中国消除贫困创新奖”“国家蜂业提质工程示范市”“国家油橄榄示范基地”“中国智慧三农大会特别大奖——电商扶贫之陇南模式”等荣誉称号。陇南市武都区荣获“全国绿化模范单位”称号。

### 2. 建置沿革

陇南市地处陕、甘、川三省要冲。境内山高谷深，古道纵横，素有“秦陇锁钥”“川蜀门户”之称，战略位置十分重要，自古以来就是兵家相争之地。翻开华夏文明五千年的历史，几乎每一个重要时刻，陇南都有自己的篇章和辉煌。

早在周秦时期，秦人先祖秦庄公、秦文公、秦襄公等便在西犬丘（今礼县东北部）一带同西戎相互杀伐，历经数百年，最终击败戎人，立国于此。后由此东进，占据关中地区。此后，秦人经过500多年的征战，至秦始皇横扫六合，统一中华，创建了中国第一个统一的中央集权制的封建国家。

秦汉时期，西道、故道、武都道、下辨道和羌道5个县级政权建制，均属陇西郡。“道”是氐、羌族集聚的地区。

汉元鼎六年（前111年），汉武帝平西南夷，于其地设置武

西汉水天嘉川（古天水县至嘉陵县），秦人最早的活动区域。秦人唱着“岂曰无衣，与子同袍”的战歌，东去关中，只留下大山深处的墓群，为后人解答了秦人故里在何处的千年疑惑

汉元鼎六年（前 111 年），汉武帝于其地设置武都郡，郡治武都道（今西和县洛峪镇羊马城）。图为现存羊马城城墙遗址

都郡，郡治武都道（今西和县洛峪镇羊马城），领武都道、上禄县、故道、河池县、沮县、平乐道、嘉陵道、循成道、下辨道 9 个县（道），辖区相当于今西汉水及嘉陵江流域上游地区。两汉之际，武都郡为公孙述所据。东汉前期，罢平乐道、嘉陵道、循成道三道，郡治移至下辨县（县治在今成县红川镇）。

三国时期，魏、蜀为控制陇南，前后交战近半个世纪，直到 263 年，魏国五路伐蜀，邓艾沿白龙江南下，自阴平小道“偷渡”，行无人之地七百里，攻占江油，进逼成都。蜀军无险可守，蜀后主刘禅举城投降。

东晋至南北朝时期，群雄割据，中原大乱，原迁往天水、关

东晋至南北朝时期，氐族以西和县仇池山地区为中心，相继建立起前仇池、后仇池、武都、武兴、阴平五个地方政权，史称“仇池五国”。图为仇池山

中一带的氐族纷纷返回故里，以仇池山为中心，相继建立起前仇池、后仇池、武都、武兴、阴平五个氐族地方政权，史称“仇池五国”，前后绵延达300多年。北魏太平真君九年（448年），武都郡移治白龙江流域石门县（今陇南市武都区角弓镇）。同时，宕昌羌人建立了宕昌国，都城在今宕昌县城关镇旧城村。

隋唐时期，陇南地区政治经济相对稳定，唐代于陇南置文、武、成、迭、宕、岷等州。宝应元年（762年），吐蕃攻占陇南。咸通年间（860—874），唐收复武州，后又更名阶州。咸通七年（866年）收复成州，唐后期收复文州。

北宋末年，陇南为宋、金两国边境，战争频繁。境内设置有

《新唐书》卷三十六记载："久视二年正月，成州有大人迹见。"武则天认为是"祥兆"，立即将年号改为"大足"，即公元 701 年。"大脚印"在今西和县洛峪镇马河村河谷岩石上

阶、成、西和、兴、凤等州，"为蜀之藩篱"。南宋将领吴玠、吴璘、吴挺等在这一带前后坚守六十多年，成功地守住了南宋王朝的西北防线，为川蜀人民及南宋王朝赢得了较长时间和平生活、生产的环境。南宋端平三年（1236 年），蒙古军占领陇南。元代，于礼县置礼店蒙古军元帅府，后更名为礼店文州蒙古汉军西番军民元帅府。

明清时期，在其地设有阶州、文州、西和县、礼县、徽县、成县、两当县等。尽管中国社会经济发展的重心已移至东南，但陇南由

于其特殊的地理位置，仍然具有不可忽视的重要作用，几乎所有大的社会动荡，都波及陇南。

民国二年（1913年）四月，改阶州直隶州为武都县，隶陇南道（治今天水市），分置西固县（治今舟曲县城关）。民国十八年（1929年），置永康县（不久又更名为康县）。民国三十年（1941年）十二月十日，第四专区析出武都、康县、成县、文县、西固5县设置第八行政督察专员区，公署驻武都县城关中山街。

1949年8月15日，中共武都地委及武都分区专员公署组建于西安市。12月11日移驻武都县城关，辖武都、西固、文县、

宕昌县阿坞乡阿坞古城，宋、金战争时期，其地曾设置岷州，现今宕昌县境内的岷江，即得名于此

康县、成县、西和、礼县。后相继改为武都专区及武都地区。1985 年 5 月武都地区更名为陇南地区。

2004 年 1 月，经国务院批准，撤销陇南地区，设立地级陇南市，原武都县改为武都区。陇南市委、市政府仍驻武都区城关。

## 二、陇上江南

很早很早以前——地质学上叫作元古代，陇南属于古地中海地槽的东延部分，当时是一片海洋，海洋中的主要生物是三叶虫和腕足类。一直到泥盆纪中期（距今三亿六千万到两亿八千万年间），地球上发生加里东造山运动，地质构造出现巨大变化，海底抬升起来，海水逐渐退去，陇南东部靠近秦岭的部分，出现了一个巨大的咸化泻湖，现在的武都以东，出现了一片陆地，地质学上把它叫作武都半岛。这里的陆地继续

两当县云屏乡发现的三叶虫和腕足类化石。三叶虫是寒武纪（距今六—五亿年）地球的统治者，是海底栖息的主要生物

抬升，到二叠纪末期（距今一亿八千万年前），地球上又发生了一次巨大的造山运动，海水终于完全消失，秦岭终于完全形成，于是，陇南大地得以浮现。此后，有风化，有侵蚀，有褶皱，有扭曲。直到第四纪（包括更新世和全新世，距今 258 万年），陇南地貌基本定型。

现今的陇南市，从地质构造上说，地处中国大陆二级阶梯向三级阶梯的过渡地带，位于秦巴山区、青藏高原和黄土高原三大地形交会区域。西部向青藏高原北侧的甘南高原过渡，南部向四川盆地过渡，北部向陇中黄土高原区过渡，东接陕西秦岭与汉中盆地。西秦岭和岷山山脉分别自东、西伸入市域，地质构造复杂，从而形成高山峻岭与峡谷盆地相间的复杂地形。李四光在《中国地质学》里大发感慨，他说，陇南是“宝贝的复杂地带”。

1. 山水形胜

陇南市地势西北高而东南低，海拔在 550 米 ~ 4187 米之间，最高处是文县西北的雄黄山（海拔 4187 米），最低处为文县东部的罐子沟（海拔 550 米），这两个海拔数值的差额已达到 3637 米。

陇南境内高山峻岭与峡谷盆地相互交错，海拔高度相差悬殊，地域差异明显，气候复杂多变，南北温差较大，水平分带和垂直分带均十分明显，形成了“一山有四季，十里不同天”的奇特景观。

雄黄山，坐落于文县堡子坝镇，海拔 4187 米，是陇南最高峰。山间重峦叠嶂，崖壁陡绝，石骨嶙峋

罐子沟，地处文县白龙江下游谷地，海拔 550 米，为陇南市海拔最低点，也是甘肃省海拔最低点

在徽成盆地、西礼盆地与四川昭化之间，是西秦岭的南支，也称南秦岭。南秦岭东起康县万家大梁、牛头山，向西经武都折向西北，为擂鼓山、岷峨山。再向西，与迭山、光盖山、岷山相连。山岭呈西北—东南走向，并向南突出弧形。山势东段地形平缓，西段山高坡陡、谷深流急，海拔在 2000 米 ~4500 米，主要山峰有岷峨山（3352 米）、擂鼓山（3600 米）、万家大梁（1838 米）等。

陇南境内的白龙江因其与秦岭、淮河同在北纬 33° ~34° 之间，同属 1 月 0℃等温线经过区，此线以南的江河皆不封冻，因而与秦岭、淮河同为中国地理上南方与北方的天然分界线。

秦岭山脉由东向西绵延而来，岷山山脉由西向东逶迤起伏，东西两大山脉碰撞聚合之处就是陇南

## 2. 地理气候

陇南山高水深、山重水复的山区地貌景象，既有北国之雄奇，也有江南之秀丽，素有“陇上江南”之美誉。

据说，有位北方报纸的记者，初次到陇南，转了一圈后，感慨地说：“早知有陇南，何必下江南？”

陇南气候属于北亚热湿润、暖温半湿润、高原湿润等多种气候的过渡地带，是中国西北地区最好的区域之一，因为有极广阔和极茂密的森林，以及极其密集的河流网络，因此，很多人说陇南是中国北方的西双版纳，也有许多人说陇南是“陇上江南”，真正的“冬无严寒，夏无酷暑，四季有景，异彩纷呈”。

看一看下面的数据，就没有什么需要解释了：

陇南市多年平均气温 15.1℃。

山顶白雪皑皑，山下桃花盛开。陇南市政府所在地地处白龙江中游干热河谷地带，气候温和，四季如春，是大西北的一座暖城

新发现的文县黄林沟风景区，群山环绕，溪水潺潺，景色秀美，被称为九寨沟黄金旅游线上的璀璨明珠

陇南市年平均降雨量：650 毫米。

陇南市年平均无霜期：280 天。

陇南市年平均日照时数：1800 小时。

日照充足，气候温和，雨热同步，降水较多，四季分明，气候宜人。按照旅游学家的评论，这样的气候区域属于“最适宜于旅游的目的地和集散地”。

1947 至 1948 年，著名地质学家王永焱在武都县龙沟发现小型森林古猿化石，定名为“武都森林古猿”，证明早在 1000 万年前，白龙江和北峪河流域已是古猿生活的重要地区，这里河谷纵横，雨量充沛，森林繁茂，还生息繁衍着三趾马、褐牛、大唇犀、始祖鹿、剑齿象、剑齿虎等动物。

1984 年在康县王坝乡谈家沟发掘出剑齿象化石，据中国科学院古脊椎动物与古人类研究所专家汤英俊、宗冠福鉴定，至少在三十万年以前，这一地区气候温暖，森林葱郁。

秦汉以后，陇南设郡建县后，土地开垦，人口增长，直到明清时期，依然“大山乔木，连跨数郡，万里鳞集，茂林荫翳”。陇南自古以来就是一个绿色的王国，是一个碧玉般的梦乡。

武都、康县、文县河谷地区，海拔均低于 1000 米，是甘肃省唯一的亚热带气候区，季风性气候特征显著，属甘肃省高温区，年平均气温在 14℃以上，气候温湿。农作物一年二熟至三熟，

武都、康县、文县河谷地区，海拔均低于 1000 米，是甘肃省唯一的亚热带气候区，可以生长多种亚热带经济作物

除冬麦、水稻外，还可以生长多种亚热带经济作物，如柑橘、油桐、茶、桉树、芭蕉、棕榈等。

徽成盆地是陇南农业生产的精华地带，地处成县、徽县、两当三县中部地带，海拔 700 米至 1300 米之间，年平均温度 8℃至 12℃，气候属亚热带向暖温带过渡地带，四季分明，降水量较多，是陇南稻、麦、棉、油、桑、蚕及木本油料的重要产区，也是全省冬季蔬菜基地。粮食作物有水稻、小麦、玉米、土豆、黄豆等 30 多种，蔬菜有白菜、茄子、萝卜、蒜、辣椒等 50 多种。

武都区横跨白龙江两岸，海拔高度 996 米，年平均气温 14.9℃，年平均无霜期 242 天，年平均日照 1848.7 小时，年平均降水量 460.7 毫米。气候特征为“夏季炎热干燥,冬季温和多雨”，

徽成盆地是陇南农业生产的精华地带，是稻、麦、棉、油、桑、蚕及木本油料的重要产区

迥异于其他类型气候，为东亚地区罕见的“地中海气候区”。白龙江河谷地区冬无严寒，夏无酷暑，盛产油橄榄、无花果、花椒、葡萄、柑橘等经济作物。

陇南市独特的气候特征和自然环境，使这里月月花盛开，四季树常青，终年有鲜果，山山出珍奇，有“陇上小江南”的美称。

所以，有人戏称，陇南市将北方、南方一网打尽，是中国最“奇葩”的城市。

康县阳坝镇属亚热带湿润区，气候温润，雨量均匀，树种繁多，景色迷人，旅游资源十分丰富

## 3. 物产资源

### | 天然植物园 |

陇南地质地貌独特，气候复杂多样，成为多种动植物梦中的伊甸园。于是，这里成了“甘肃的西双版纳”。

红豆杉，是第四纪冰川遗留下来的古老孑遗树种，是世界上公认濒临灭绝的天然珍稀抗癌植物

珙桐，被誉为“中国的鸽子树”，是1000万年前新生代第三纪留下的孑遗植物，为珍稀植物，被列为国家一级重点保护野生植物

油橄榄，是世界著名的木本油料兼果用树种，含丰富优质食用植物油，为著名亚热带果树和重要经济林木，主要分布于地中海周边国家

银杏，又名白果树，是第四纪冰川运动后遗留下来的裸子植物中最古老的孑遗植物，和它同纲的所有其他植物皆已灭绝，所以有“活化石”的美称

陇南境内高山深谷地带，保存着不少成片的原始森林。林地总面积达1760万亩，占全市总面积的39.2%，堪称我国西北内陆的绿色宝库。各类树种达1300多种，为甘肃省树种最多而且最复杂之区域。被列入国家重点保护的植物有54种，其中国家一级保护植物6种，有珙桐、光叶珙桐、南方红豆杉、银杏、水杉、独叶草。国家二级保护植物21种，有秦岭冷杉、麦吊云杉、香果树、核桃、鹅掌楸、连香树、水青树、杜仲、岷江柏木、大果青杆、山白树、星叶草、狭叶瓶尔小草、水曲柳、厚朴、红豆杉、红椿、刺楸、独花兰、白豆杉、金钱松。国家三级保护植物27种，有紫斑牡丹、四川牡丹、黄连、羽叶子香、凹叶厚朴、西康玉兰、黄芪、野大豆、领春木、金钱槭、梓叶槭、银鹊树、青檀、紫茎、华榛、猬实、天麻、桃儿七、八角莲、延龄草、黄檗、楠木、香水月季、玫瑰、刺五加等，具有广阔的开发前景。现已封山育林的白龙江林场，曾是西北木材供给的主要基地。

陇南月月花盛开，山山有奇珍。其中经济树种有400多种，有北亚热带植物，如柑橘、无花果、柿子、茶树、油桐、竹子、棕榈、楠木等，还盛产暖温带林产品，如花椒、核桃、苹果、木耳、猕猴桃、生漆、板栗等。武都区的樱桃、无花果、油橄榄、枇杷，文县的柑橘、茶叶，成县、康县的核桃，徽县的银杏等闻名省内外，成县、康县和武都区分别被列为全国核桃和油橄榄生产基地。花椒、油橄榄产量居全国第一，核桃产量居全国第二，有14种农产品受国家地理标志产品保护。

八月瓜，又名九月黄，俗名鬼指头、土香蕉，因八月果熟开裂而得名，常绿木质藤本。果实鲜甜味美，肉味独特，为无污染的绿色食品

猕猴桃，为雌雄异株的大型落叶木质藤本植物，多生长于山坡林缘、溪涧两旁或灌丛中，也有园圃栽培

五味子，秋季果实成熟时采摘。《新修本草》载“五味皮肉甘酸，核中辛苦，都有咸味”，故有五味子之名。药用价值极高，有强身健体之效

瓢子，又名野草莓，草本植物，果实似樱桃大小，有红、白两色品种，可直接食用，辛温甜蜜，自然醇香，富含营养

陇南是甘肃省唯一的茶叶产区，处于中国茶叶生产的最北端区域。独特的地理位置和优越的生态环境，造就了陇南茶独特的品质和口感。康县阳坝、文县李子坝、武都区裕河等地的茶叶，清香浓郁，享誉省内外。文县碧口茶区已建成“甘肃茶文化博物馆”，“陇南绿茶”已取得农产品地理标志登记证书，陇南的红茶

康县阳坝茶园。陇南的水、土、气、热等资源具有独特优势，是全国纬度最高、海拔最高的茶叶适生区

和茯砖茶也已研制成功。

### | 珍贵动物园 |

陇南境内复杂的地形、温暖的气候、茂密的森林等得天独厚的自然生态环境，为珍贵野生动物栖息繁衍提供了优越的条件。据初步调查，陇南市有陆生森林动物约 28 目 91 科（亚科）430 种，其中有兽类动物 7 目 28 科 80 种，有鸟类动物 16 目 43 科 280 种，有两栖类动物 2 目 8 科 30 种，爬行类动物 3 目（亚目）12 科（亚科）40 种。其中被列为国家一级保护动物的有大熊猫、金丝猴、金钱豹、扭角羚、梅花鹿、黑鹳、白鹳、白鹤、金雕、绿尾虹雉 10 种，国家二级保护动物有麝、猕猴、大鲵、水獭、黑熊、岩羊、

天鹅、灰鹤、锦鸡、蓝马鸡、穿山甲等 18 种。水生动物主要有鱼类 4 目 8 科 70 种。森林昆虫类有 24 目 230 科 2150 种，蜘蛛类 31 科（亚科）200 种。

甘肃一大半的野生动物种类，都能在这里觅得踪迹。

熊猫，标准中文名称其实叫“猫熊”，意即“像猫一样的熊”，被誉为“活化石”和“中国国宝”，为国家一级保护动物。白水江国家级自然保护区分布有大熊猫 100 多只

金丝猴，陇南金丝猴属川金丝猴，行动敏捷，体格健壮，为国家一级保护动物，武都区裕河镇野生金丝猴达 50 余只

羚牛，并不是牛，分类上近于寒带羚羊，为国家一级保护动物。因它体形粗壮如牛，而头小尾短，叫声似羊，又像羚羊，但性情粗暴又如牛，故名羚牛

红腹锦鸡，又名金鸡，雄鸟羽色华丽，头具金黄色丝状羽冠，全身羽毛颜色光彩夺目，是驰名中外的观赏鸟类，为国家二级重点保护野生动物

大鲵，别称娃娃鱼，常栖息在海拔 1000 米以下的溪河深潭内的岩洞、石穴之中。野生大鲵已列入《世界自然保护联盟濒危物种红色名录》，属极危物种

白水江自然保护区是我国大熊猫的主要栖息地之一，其中大熊猫数量占全国总数的十分之一。山林丛莽中有大熊猫、金丝猴出没，溪流江河中有大鲵、甲鱼戏游，林隙灌丛中有角雉、蓝马鸡栖息，真正是一座野生动物和珍禽异兽的乐园。

## | 千年药乡 |

陇南市是中国主要药材生产基地之一，野生药材种类繁多，人工栽培已有 1000 多年历史，自古就有“千年药乡”“天然药库”之称。有各类中药材 1200 多种，其中名贵药材 300 多种，甘肃出产的五大“拳头药材”中，有四大药材均以陇南为主产地，尤以武都区的“米苍红芪”、文县的“纹党”、宕昌县的“岷归”、礼县的“铨水大黄”为最，因其量多质优而驰名中外。优质药材天麻、黄连、半夏、柴胡、杜仲、贝母、山茱萸、刺五加等享有

陇南市大宗药材红芪。红芪为重要中草药，药用价值极高，具有固表止汗、补气利尿的功效

陇南市大宗药材大黄。大黄是我国的四大中药之一，性味苦寒，泻热毒、荡积滞、行瘀血，药性峻烈，备受医家的青睐

盛誉，均为大宗生产。陇南市药材年产 1500 多万公斤，产量占甘肃省 70% 以上，出口量占甘肃省 90% 左右。

｜矿产富集｜

陇南市地下矿产资源富集，藏量大，品位高，开发前景极其广阔。已探明的金属矿和非金属矿有 34 种，矿床、矿点 445 处，其中储量大、品位高且有较高开采价值的金属矿有铅、锌、锑、汞、铜、金 6 种，非金属矿有大理石、石灰岩、水晶、滑石、石膏、冰洲石等，另外，还有储量较大的锰矿和小而富的铁矿。

全市现有四大金属矿带：一是横亘区内北部西和、成县、徽县 3 县，绵延 80 多千米的铅锌矿带，铅锌金属储量达 1500 万吨，远景储量 2000 万吨，仅次于云南兰坪铅锌矿，是全国第二大铅锌矿体；二是西和、礼县、宕昌 3 县的锑矿带，仅西和县崖湾锑矿，金属储量即达 15 万吨，属全国第三大锑矿体；三是文县临江乡大坪村沟岭子锰矿带，锰金属储量达 114.85 万吨，远景储量 133.05 万吨，属全国第四大锰矿。该矿带还有钼金属储量 762.42 吨，钴金属储量 953.27 吨，品位很高，极具开采价值；四是文县、礼县、西和县、成县的黄金矿带，已探明储量 400 公斤以上的大中型矿床 20 多处，黄金储量 190 吨，远景储量为 300 吨以上。近年来，在文县境内又发现储量较大的硅矿 1 亿多吨，康县南部的阳坝地区发现有大量铜矿，开发前景诱人。丰富的有色金属资源，为陇南经济发展注入了强大的活力。

## | 两江一水 |

陇南境内既多山，又多水，江河溪流纵横密布，且山有多高，水就有多深，崇山峻岭间，处处溪水跌宕，飞瀑流泉，是甘肃省水力资源最丰富的地区。

陇南境内有嘉陵江、西汉水、白龙江、白水江等大小河流3762条，属长江流域嘉陵江、汉江两大水系，其中嘉陵江及其西汉水、白龙江、白水江等一、二级支流八百余条，年径流量超过1亿立方米的河流就有20多条，水量充沛，且落差较大，流

嘉陵江，长江主要支流，发源于秦岭北麓的陕西省凤县秦岭代王山，流经甘肃省两当县、徽县，陕西省略阳县、宁强县和四川广元市、阆中市、南充市，在重庆市注入长江

西汉水，为嘉陵江支流，发源于天水市境内的齐寿山（古称嶓冢山），流经秦州区、礼县、西和县、康县、成县，在陕西省略阳县注入嘉陵江。在大堡子山上远眺西汉水，宛如自天而降的银河，故又称为“天水”

白龙江，为嘉陵江支流，发源于甘肃省甘南藏族自治州碌曲县与四川若尔盖县交界的郎木寺，流经陇南市的宕昌县、武都区、文县，在四川广元市汇入嘉陵江

白水江，发源于甘川交界岷山山脉南端的弓杆岭，自西北向东南流经四川省九寨沟县和甘肃省文县，于文县玉垒乡关头坝汇入白龙江碧口水库

文县玉垒关，左为白水江，右为白龙江，两江在这里交汇。玉垒关建关于唐朝贞观年间，是陇蜀古道上的要隘，被誉为“川西锁钥”

量季节变化小,开发率高,发展水利水电事业条件优越,前景广阔。年径流总量279亿立方米,水利资源理论蕴藏总量为425万千瓦,可开发量260万千瓦,约占全省水利资源的三分之一。域内河流因其冬不结冰,冬夏水量的峰谷值差值小,开发利用潜力极大。

陇南是甘肃水资源最富集的地区,水资源总量达144亿立方米,全市人均拥有水量3580立方米,比全省人均拥有水量多1倍,比全国人均拥有水量(约2700立方米)多880立方米,水利开发前景十分可观。

总而言之,陇南是甘肃省辖的地级市,位于西北地区,但却是最不像西北的一个地方。

第二单元

# 一首歌　一首诗
# 道不尽昔日沧桑

山字型柳叶剑

山字型柳叶剑，战国时期巴蜀文化兵器，武都区洛塘镇出土，属国家一级文物，武都区博物馆藏。该柳叶剑为铜质，通长52厘米，剑呈柳叶形状，故名。其脊高耸成凸弦状，近柄部突起，铸有斜向篦纹，其外又有凹状护饰物，两端素面，中部至柄部铸高乳丁纹6组，背面全铜，柄尾连接又有双『山』字钝刃式物，底部有槽，似有附件相衔接焊物，似巴蜀或氐人仪仗类器物。

白龙江哟，
请你告诉我，
氐人羌人为何不见了；
西汉水哟，
请你也说说，
伏羲、秦人都哪里去了；
大堡山哟，
请你告诉我，
得陇望蜀是对还是错；
青泥岭哟，
请你也说说，
李白杜甫可曾回来过……

这是一首名为《问君陇南》的歌曲，由雨寿作词、戚建波作曲、彭高平演唱。歌曲旋律优美，朗朗上口，蕴涵了陇南丰富的历史文化信息。

一首歌、一部史、一句话、数千年，道不尽的沧桑，写不尽的风流。

白龙江曾名羌水、白水，流经陇南，是中国西部亚热带与暖温带的分界线，与秦岭、淮河同为中国地理上的重要分界线

# 三、灿烂古文化

陇南气候温和、湿润，境内西、南部多高山峻岭，坡陡谷深，林木葱郁；东、北部多丘陵平川，河流纵横，水草茂盛，形成古代动物活动和人类劳作生存的良好自然条件。

陇南市开发较早，历史悠久。特殊的地理位置，使陇南市成

陇南市境内高山、丘陵、河谷、盆地交错分布，统称为陇南山地

为南北文化相会、东西民族交流之地。根据文物普查，陇南古文化遗存相当丰富。考古工作者通过大量的文物调查和发掘工作，在西汉水、白龙江、白水江流域的河岸溪谷边发现了愈来愈多的原始人类的遗迹。新石器时代，主要有仰韶文化庙底沟类型、马家窑类型和寺洼文化安国类型。秦汉时期，由于经济、文化得到迅速发展，所以秦汉文化遗存分布极广，几乎遍布全区各地。这些丰富的古文化遗迹表明：早在 7000 多年以前，陇南的先民们就劳动、生息、繁衍在这块美丽富饶的土地上。

仰韶文化（距今约 7000 年至 5000 年）遗址，主要分布在西汉水上游的西和县、礼县和北峪河流域的武都区安化、柏林、马街一带，大多属庙底沟类型。比较典型的有位于西和县长道镇的宁家庄遗址，礼县石桥乡高寺头遗址，武都区马街乡寺背坪遗址等。另外，还有数量众多的寺洼文化，学者们普遍认为，寺洼文化是氐、羌民族的原始文化。

在西和县长道镇宁家庄新石器早期文化遗址发现的交叉绳纹陶片，时代特征鲜明，与秦安大地湾发现的早期陶片特征一致。宁家庄遗址位于西汉水之南，南距西和县城 20 余千米，面积约 6 万平方米。这里地势开阔，依山傍水，土质肥沃，气候温和，是陇南先民最早的开发居住区之一，考古工作者在这里发现了大量的陶片以及古代人类遗留下来的房址、窑址和灰坑，大多属于仰韶文化范畴。西和县宁家庄遗址与秦安县大地湾遗址、天水师赵村遗址齐名。宁家庄遗址也是陇南迄今为止所发现的最早的人类文化遗址，证明早在7000年前的新石器时期，这里已有人类生活。

宁家庄遗址发现的彩陶权杖头是权力的象征，是民族或部落的原始宗教崇拜信仰物，为氏族或部落首领专用。现藏甘肃省博物馆，国家一级文物

1982年4月，宁家庄一村民在村北取土时，发现了一件彩色陶器，经考古人员鉴定为史前部落首领的“权杖头”，细泥质红陶，呈椭圆形球体，上下各一穿，上部饰黑彩变体鱼纹四组，下部饰构叶纹，为罕见珍品，属于仰韶文化时期文物。该杖头现收藏于甘肃省博物馆，属于国家一级文物。

高寺头遗址位于礼县石桥乡高寺头村，属新石器时代齐家文化时期（距今4100—3700年前）遗址

高寺头遗址位于礼县石桥乡高寺头村，属新石器时代齐家文化时期（距今4100-3700年前）遗址。该遗址发现有灰层、灰坑、灶坑房址等。地表遗留有大量夹沙、泥质及细泥质的灰、红、橙、黄色陶

歌唱俑，礼县永兴乡爷池村出土，整器为人体形，似在吟唱，是春秋时期古陶器中珍品。甘肃省秦文化博物馆收藏

片，器形有尖底瓶、卷沿盆、碗等。并发现石刀、石斧、陶纺轮、骨锥、骨鱼钩等生产工具多件，内容十分丰富，保存较好。现为省级文物保护单位。

高寺头遗址出土的红陶圆雕少女头像，是齐家文化陶塑人像的杰作。头像残高 12.5 厘米，用堆塑与锥镂相结合的手法制成，陶色橙黄，颈下部分已缺，原先可能是陶壶器口的装饰。头顶锥刺一个小孔，前额至后脑堆塑半圈高低起伏的泥条，仿佛盘绕在额际的发辫。脸型丰满圆润，五官位置准确，那微启的嘴巴仿佛正在娓娓地谈话，神态颇为优美，堪称中国原始社会人像雕塑的优秀代表。不少研究者认为，这件头像也是氏族部落老祖母的形象，反映了妇女在当时享有崇高的社会地位。

目前在陇南发现的远古文化遗存中，数量最多的是寺洼文化（距今 3400—2700 年前）遗存，几乎遍布全区各地。武都区柏林乡冯家崖发现的任家坪墓群，就是其中规模较大、特征比较典型的寺洼文化安国类型文化遗存。

任家坪墓群位于北峪河南的黄土台地上，墓群均为土坑竖穴式墓，无封土。出土器物大多为口沿前后两侧均呈马鞍形的泥质手制灰褐双耳罐和灰褐陶壶、单耳罐、高足豆、低档矮足鬲。任家坪墓群被列为省级文物保护单位。

陇南寺洼文化遗存除任家坪墓群外，还有安化镇司家坝上坪遗址、白龙江沿岸的宕昌县沙湾高崖坪墓群、武都区两水镇后村东坪遗址、白水江沿岸的文县尚德乡王家坪遗址、上丹乡天头坪遗址、横丹乡横丹村大坪上遗址以及西汉水沿岸的礼县陈家坪遗址等。学者们根据古籍中记载的氐羌民族起源活动区域及发展情况判断，寺洼文化极有可能是氐羌民族的早期文化，寺洼文化的分布区域，大致就是早期氐羌民族的活动区域。

寺洼文化是甘肃、青海地区特有的土著文化，因最初发现于甘肃临洮寺洼山，故以此命名。其陶器的主要特征为马鞍形口双耳罐，并有少量的青铜器。寺洼文化遍布陇南，说明在西周时期陇南已居住着为数众多的氐羌民族，并已进入了文明时代。

寺洼文化典型器物马鞍口式双耳陶罐。有学者认为寺洼文化有可能是氐羌民族的早期文化

大约到西周中期以后，北上进入宝鸡、陇东一带的氐羌文化被先进的周文化所融合，南下进入蜀地的氐羌文化也逐渐消失了

基本特征，被当地文化所融合，形成了独具特色的巴蜀文化。而留居在白龙江、白水江、西汉水、嘉陵江一带的氐羌民族，虽然不可避免地接受了中原文化和巴蜀文化的影响，但仍保留了原氐羌文化的基本特征，从而形成了一种新的氐羌文化，其生产方式和文化水平虽然大大低于中原地区，但却明显地高于岷江上游、白龙江上游及河、湟一带的羌民族，从而形成了一个新的民族——氐族。这个新民族的形成过程，就是史学家们通常所说的“氐羌分化”过程，当然，这个过程是一个漫长的历史过程。但大家公认，大约到了秦汉时期，氐族已成为一支不可忽视的力量登上历史舞台。

在魏晋南北朝时期，氐族曾逐鹿中原，在中国历史上留下了灿烂辉煌的一页。

## 四、秦人发祥地

在周、秦时期，今礼县东北部、西和县北部一带属古西垂地，秦人先祖曾在这里养马，并且还是秦庄公、襄公、文公等几代君主的都邑所在地。直到秦文公四年（前762年），秦人都邑才由西垂迁往汧渭之会的新邑（今陕西宝鸡市），但西垂仍是秦人的重要活动地区，因此，陇南是秦人的发祥地。

秦人，属嬴姓，其源出于东方的东夷系统。根据传说，嬴人的原始祖母名字叫女修。女修儿子名叫大业，大业生下儿子叫伯益，伯益聪明能干，曾经协助大禹治洪水，因治水有功，大舜就赏赐伯益姓嬴，并给他选了一名姚姓女子做妻子，从此，嬴姓就开始兴旺起来。

公元前16世纪，商汤灭夏时，秦人祖先费昌“去夏归商，为汤御，以败桀于鸣条”（《史记·秦本纪》）。由于在灭夏的过程中嬴姓氏族立有功劳，所以商王朝建立后，嬴姓也成为统治民族，其上层人物多成为显贵，“自太戊以下，中衍之后，遂世有功，以佐殷国，故嬴姓多显，遂为诸侯”（《史记·秦本纪》）。

20世纪90年代初，在礼县城东大堡子山、圆顶山一带发现秦公大墓和贵族墓群，系秦人先祖陵园，也就是秦国最早的西垂陵园

大约到殷商末年，嬴人的一支在其首领中潏率领下随商王西征戎羌，进至渭水中游后奉命屯守，遂营建城邑，定名为“犬丘”（西周懿王时期的都城，《世本》：“懿王徙于犬丘。”周懿王七年（前893年），西戎侵镐京，懿王迁都犬丘。“周曰犬丘，懿王都之。秦更名废丘。”2019年考古发现确认懿王都城的犬丘，在今西安市长安区高桥街道的东马坊村，也是后来雍王章邯的都城“废丘”）。《史记·秦本纪》称：秦的祖先中潏“在西戎，保西垂”。西垂也作西陲，守卫着商王朝的西部边疆。这时的“西垂”，并非地名，而是指商朝的西部地区，即今陕西省关中地区。

周孝王时（前910—前896年），嬴族人的后代非子在犬丘一带为周王朝养马，很有成绩，“马大蕃息”，犬丘有人将此事告知周孝王，周孝王十分高兴，便召非子到汧河、渭河交汇地区（今陕西凤翔区长青镇一带）给周王室养马。“后来，秦文公三年，以兵七百人东猎。四年，至汧渭之会。曰：‘昔周邑我先秦嬴于此，后卒获为诸侯。’乃卜居之，占曰吉，即营邑之。”

由于非子养马有功，周孝王便把西垂秦地（今天水清水县、张家川回族自治县）封给非子，让他再接续嬴氏的庙祀，号称秦嬴，成为周王朝的“附庸”。嬴非子在嬴族中断祭奠先人200年以后，重新获准开始祭奠祖先建宗庙。从此，“秦”就成为这部分嬴姓族人的称谓。非子在秦部族发展史上，是一位极为关键的首领。

与此同时，周孝王又将周朝西方边境西汉水上游地区封给非子的同父异母兄弟大骆的嫡子成（成是非子的同父异母兄弟，申

礼县秦文化博物馆坐落于礼县城关镇秦人广场，丰富的早期秦文化文物，向世人重现了早期秦人那段恢弘壮阔的历史

侯的外孙），并让成继承了大骆的嗣位（即“大骆之族”，嬴姓的一支氏族）。成仍命名其西汉水驻屯地为“犬丘”，后来，人们为了区别于原关中“犬丘”，称西汉水“犬丘”为“西犬丘”（应在今礼县城关西山，现已发现城址遗迹），史书有时也记作“犬丘”。后人常将“犬丘”和“西犬丘”混为一地，以至于不辨其详。

秦人在与生活在同一地域周边的犬戎族长期的交往和争战中，历经挫折和失败。公元前842年，至非子儿子秦仲时，西戎反叛周王室，攻灭了居住在西犬丘的大骆之族。周宣王即位后，以非子的曾孙秦仲为大夫，讨伐西戎，收复西犬丘，最终秦仲又被西戎所杀。

礼县永兴乡圆顶山遗址发掘出土的春秋青铜无辕四轮蟠虺纹车型器，春秋时期器物，用途不详，国家一级文物。现藏于甘肃秦文化博物馆

秦仲生有五个儿子，长子名叫不其（后秦襄公追封不其为秦庄公）。秦仲死后，周王朝极力辅助秦人，周宣王召见了他们五兄弟，给了他们士兵 7000 人，再伐西戎，终于打败了西戎，因原居住于西犬丘一带的成的一支被西戎所灭，故将西犬丘也归其所有。周宣王又封庄公为西垂大夫，继承了其父秦仲的封爵。从此，“秦”地和“西犬丘”两支嬴姓族系联为一体，统治西垂。殷商时之“西垂”泛指今陕西关中汧渭地区（即殷商西部边陲之意），周时之“西垂”则是对今甘肃东南部一带的泛称（即周朝西部边陲之意）。秦庄公设都邑于“大骆之族”旧地西犬丘地区，并建造了宫室，因其官职为西垂大夫，所以其宫室就命名为“西垂宫”（应在今礼县大堡子山之上，现已发现的高规格秦公大墓、大型乐器坑、大型房址和城墙遗迹足可证明）。自此以后，秦襄公、秦文公都居住在西垂宫。《史记·封禅书》载：“秦襄公既侯，居西垂。”

秦庄公在位 44 年，秦国领土向犬戎所占的渭河上游拓展。秦庄公之子秦襄公继位后，公元前 771 年周王室发生了争夺王位的内乱，西戎、犬戎和申侯联合攻周，攻破了国都镐京（今西安市西南)，在骊山下杀了周幽王。秦襄公率兵救周，打退了西戎，并联合其他诸侯拥立太子宜臼即位，是为周平王。周王室为避犬戎之难，把都城迁到洛邑(今河南省洛阳)，史称东周。秦襄公护送周平王东迁有功，周平王便封襄公为诸侯，并把岐山(在今陕西岐山县东北)以西的土地全部赐给秦国，秦国这时才正式立国，"襄公于是始国，与诸侯通使，使聘享之礼"，国都在西犬丘西垂宫。秦襄公"以为主少皞之神，作西畤，祠白帝"，开始正式举行原来只有天子方能举行的祭祀天帝的重大活动。

礼县永兴乡赵坪村圆顶山发掘出土的蟠虺纹方壶，春秋时期器物。为国家一级文物，现藏于甘肃秦文化博物馆

《诗经·秦风》共有10首作品，是西周时期秦国(今甘肃陇南和陕西关中地区)的作品，其中《车邻》《驷驖》《小戎》《蒹葭》《无衣》是产生于陇南的作品，所写内容真实地反映了秦先祖在故地西垂的生活经历。

《无衣》语言质朴无华，震撼人心，是秦人言辞慷慨、情绪激昂的请战书，为《诗经》中的精品之作。《无衣》其内容与秦襄公举兵讨伐西戎事件相吻合，应视为秦人在西犬丘的作品。

岂曰无衣？与子同袍。
王于兴师，修我戈矛，与子同仇！
岂曰无衣？与子同泽。
王于兴师，修我矛戟，与子偕作！
岂曰无衣？与子同裳。
王于兴师，修我甲兵，与子偕行！

《蒹葭》则反映了西周时期秦人在西汉水畔的温馨生活。

蒹葭苍苍，白露为霜。所谓伊人，在水一方。溯洄从之，道阻且长。溯游从之，宛在水中央。

《蒹葭》是一首优美的民歌，内容写对意中人的不懈追求，因其在写作手法上典型地运用了比兴，所表现意境特别优美，被推崇为《诗经》的代表作品。

公元前 762 年，在秦襄公开拓的基础上，继任国君秦文公领兵由西垂东征，讨伐西戎，经过十多年的征战，收复被犬戎侵占周王室旧有的岐、丰之地，疆域扩大到岐山，并把岐山以东之地献于东周王室，秦人势力愈来愈大。《史记·秦本纪》记载：秦文公四年（前 762 年），秦文公到达汧水、渭水的交汇地，秦文

西汉水畔。《诗经·蒹葭》："蒹葭苍苍，白露为霜。所谓伊人，在水一方。"诗中描述的爱情故事即发生在西汉水岸畔

公说，从前，周王室把这里的土地赐给我的祖先秦嬴（即秦非子）作为封邑，后来我们最终成为诸侯。秦文公于是命人占卜这里是否适宜居住，占卜的结果说吉利，秦文公便下令在这里营建城邑。秦文公五十年（前 716 年），秦文公去世，归葬于西山（即今礼县大堡子山），他的孙子继位，是为秦宪公（一作秦宁公）。

从此以后，秦国的领土不仅据有甘肃西汉水上游至渭河中上游的陇山西南地区，而且越过陇山到达陕西关中西部岐山地区，领土面积大幅度扩展。

秦文公之后的宁公、武公等秦国国君努力东进，占领了渭水中下游的广大地区，并数次在关中西部移建都城，最终定都于咸阳，发展成为西方的大国。秦人的中心虽然迁至渭河中游咸阳、西安一带，但礼县、西和县一带仍是秦人主要活动区域之一。在

礼县永兴乡赵坪村圆顶山发掘出土的窃曲波带纹青铜鼎，春秋时期器物，国家一级文物。现藏于甘肃秦文化博物馆

秦国东进的过程中，西犬丘之地一直是秦人稳固的后方基地，礼县赵坪村圆顶山春秋时期秦人墓区和城关四角坪周代、战国至秦时期城址的发现已予以充分证明。

建都于陇南西汉水上游西垂的秦国，正是在陇南地区的长期奋斗拼搏中，不断积蓄力量，增强国势，为迁都关中及后来的进一步发展奠定了坚实的基础，使秦国最终战胜各诸侯国，完成统一全国的大业。

20 世纪 90 年代初，在礼县城东大堡子山、圆顶山一带发现秦公大墓和贵族墓群，系秦人先祖秦仲、秦庄公或秦襄公、秦文公之墓，是秦国最早的西垂陵园。墓内发现大批珍贵的青铜器和金器，有青铜鼎、壶、钫、盘、编钟、金虎、金棺饰等，有的青铜器上铸有“秦公作铸用鼎”“秦公作宝用簋”等铭文。陵园有中小型墓葬 400 余座，城址 1 座，夯土建筑基址 26 处。从墓葬地域和出土文物可以判定，秦人早期都邑西犬丘、西垂宫及西县的具体方位大致就在大堡子山以东附近的城关镇、永兴镇、长道镇一带。

礼县永兴乡大堡子山遗址发现的青铜甬钟，现藏于甘肃秦文化博物馆

大堡子山墓群是秦国在陇南地区的珍贵文化遗存，遗址及墓群的发掘对研究秦时期的政治、经济、军事、文化、冶金、铸造、礼制、陵寝制度等方面有着不可估量的历史价值和学术价值。西垂陵园的发现引起了海内外史学界、考古界的极大关注，夏商周断代工程专家组专家李学勤先生称“这一发现填补了先秦文化的研究空白”。秦始皇帝陵博物院院长曹玮说：“20 世纪甘肃文物考古有两大发现，一是敦煌藏经洞，二是礼县大堡子山秦公墓。”2004 年，大堡子山墓群被国务院确定为全国重点文物保护单位。

礼县大堡子山秦墓出土的金质动物饰片精致华美、光彩夺目。现藏甘肃省博物馆

西山遗址位于礼县县城之西、西汉水北岸的山坡上。遗址北边是鸾亭山遗址，东距大堡子山遗址 13 千米。西山遗址地势呈西南—东北走势，原为西

高东低的斜坡状，由于近代开垦梯田，使其形成宽度不等的多级阶地。城址依山而建，平面呈不规则的长方形，总面积约 20 万平方米，经钻探发现墓葬 800 座，房屋基址 7 座，灰坑 94 处，灶 5 座，动物坑 10 座，古道路 2 条，窑址 3 处。城内已发掘的重要遗迹有带陶排水管道的夯土基址，具有典型的周文化风格；又发掘出具有秦文化特点的三鼎两簋贵族墓，以及一批春秋时代的秦墓。这些遗迹第一次揭露出大规模的早期秦人较高等级的聚落遗存，有可能是西周和东周时期秦人的一处中心聚落遗址。

礼县西山遗址中心聚落城墙遗址，有可能是秦人最早的都邑“西犬丘”

据“陇南礼县发布”2019 年消息，甘肃秦文化研究会第四次学术研讨会确认，礼县西山遗址是目前西北地区发现的唯一一座西周城池遗址。有学者认为该聚落遗存就是人们苦苦寻找的秦人早期都邑“西犬丘”遗址。

西汉水流域是秦人最早的家园，秦人从戍边、养马、授封，到壮大、富强、发达，再到迁都、东进、称雄，最后由秦始皇统一全国，建立了第一个封建大帝国，西汉水功不可没。因此，将西汉水上游流域称为“秦人的发祥地，秦文化的渊源”一点也不为过。

## 五、氐民族摇篮

氐族是我国历史上最古老的民族之一。他们在两汉及南北朝时期特别活跃，先后在北方建立了前秦、后凉两个氐人统治政权，又在今甘、陕、川交界的陇南、汉中、广元一带建立仇池国、武都国、武兴国、阴平国等地方割据政权。隋唐以后，吐蕃兴起，氐人居住地处于唐蕃争战的中间地带，氐人或被同化、或杂居、或退避于深谷大山之中，逐渐退出了历史政治舞台。

秦汉时期，氐族部落数量繁多，而以居住在今陇南地区的白马族势力最为强大，白马可能是这支氐人的图腾，也可能是其部落的名称，或者源于白马水，当时其地置有阴平道。北魏郦道元《水经注》卷二十《漾水、丹水》载：“又有白马水，出长松县西南白马溪，东北经长松县北，而东北注白水。”白马水，即今文县铁楼乡白马河。

汉晋南北朝时期，陇南氐族由于受到周边关中及巴蜀地区先

秦汉时期白马氐族名称源于白马水。白马水即今文县铁楼乡白马河

进的政治、经济、文化的广泛影响，生产技术和社会经济有了较快速度的发展。

仇池氐人的崛起，始于东汉末年。建安年间（196—220）氐族部落首领杨驹保据仇池山，到了他儿子杨千万时已初具规模，自称“百顷王”（仇池山顶有平地百顷，故时人又称仇池山为百顷山）。杨千万归附于曹魏政权后，被拜为百顷氐王。建安二十二年（217 年），刘备攻汉中，遣张飞、马超、吴兰攻下辨（治今甘肃成县），氐人首领雷定率部落七万余户予以响应，曹操害怕刘备联合氐人对抗自己，就下令“徙武都氐五万余落出居扶风、天水界”，并将武都郡侨治于小槐里（今陕西兴平县西），后魏文帝黄初年间（220—226）又移置武都郡于美阳（今陕西扶风县北）。建兴六年（228 年）春正月，诸葛亮首次北伐曹魏，因为马谡失街亭，所以又进行了一次迁移，将西县（今礼县、西和县北部）居民千余家移至汉中，阴平郡的氐人也被迁到蜀地。至此，陇南地区的氐人几乎被迁徙一空。景耀六年（263 年），司马昭发动灭蜀之战，邓艾偷渡阴平时，阴平郡已成无人之地。《三国志》记载："冬十月，艾自阴平道行无人之地七百余里，凿山通道，造做桥阁。山高谷深，至为艰险，又粮运将匮，濒于危殆。"

至魏晋时期，这些被迁至天水、关中地区的氐人又发展壮大起来，成为北方一支十分活跃的政治力量。东晋永和七年（351 年），氐族首领苻健自称大将军、大单于、三秦王，率众西入长安，国号秦，史称前秦。苻氏原姓蒲，后氐豪蒲洪改姓为"苻"。苻

左起：西和县仇池山出土的"晋归义羌王"金印，"魏归义氐侯"金印，"晋归义羌侯"金印。国家一级文物，现藏甘肃省博物馆

仇池山位于西和县南的大桥乡，南濒西汉水，北临杨马河，三面环水，四周悬崖，陡坡峭壁，山顶平坦，形如覆壶，雄浑壮观

健在位四年后卒，其子苻生立，凶残无道，在位两年后为其堂兄苻坚所杀。苻坚继位后，大量重用汉人治国，大力改善政治，强化中央集权，并劝课农桑，兴修水利，广立学校，兴办教育，很快就使前秦出现了“兵强国富，垂及升平”的兴盛局面。建元六年（370年），前秦灭掉割据关东的前燕，完成了对中原的占领。接着又用兵陇右、河西，克仇池，灭前梁，统一了整个黄河流域。建元十九年（383年），前秦发动军队近百万南下攻晋，淝水一战，因轻敌，被东晋击败，苻坚身中流矢，单骑逃回，不久被其部将羌族酋长姚苌所杀，国势大衰。

南北朝时期，仇池氐人再次崛起，陇南地区先后出现过前仇池国、后仇池国、武都国、武兴国和阴平国五个氐人政权和宕昌国一个羌人政权。这几个政权前后经历 280 余年，与南北朝相始终，作为南北大国夹击之中的地方政权，能够维持这样长的时间，在我国历史上是不多见的。

早在苻健建国之前，清水氐豪杨茂搜（东汉建安年间从陇南迁徙至天水一带）因避齐万年之乱，于西晋惠帝元康六年（296 年），率部落四千余家“还保仇池”，自号辅国将军右贤王，据有武都郡之地。杨茂搜的兴起，要比苻氏、吕氏的起义早三四十年。杨茂搜是一位具有雄才大略的氐族领袖人物。西晋永嘉五年（311 年），杨茂搜得上禄（今西和县南），置骆谷城，史称前仇池国，称臣于成汉李氏政权。

仇池国因仇池山而得名，仇池山位于今西和县南九十余里的

西晋永嘉年间（307—312），仇池地区成为关中流亡士人的避难之地，后世不少人视仇池为“洞天福地”的仙境

大桥乡，南濒西汉水，北临杨马河，三面环水，四面陡绝，上有平地百顷，泉水数十眼，郦道元《水经注》说："仇池绝壁，峭峙孤险，登高望之，形若覆壶，其高二十余里，羊肠盘道，三十六回。"自古以来，仇池山就是氐族的重要活动区域。

杨茂搜充分利用仇池山地区山川险要、河流湍急的地理优势，打着自保旗号，招贤纳士，广收四方豪杰，不但使受到战乱威胁的氐族部落纷纷归依，而且还吸引了大量的关中士人，《宋书·氐胡传·略阳清水氐杨氏》记载："关中人士奔流者多依之，茂搜延纳抚接，欲去者则卫护资遣之。"一时间，仇池地区成为关中流亡士人的避难所。自此，仇池山声名享誉海内，对后世影响极大，有不少人视仇池为"洞天福地"的仙境，杜甫曾向往"何时一茅屋，送老白云边"。苏东坡不但梦到仇池，而且还将一奇石命名为"仇池石"，将他的读书笔记命名为《仇池笔记》。

仇池山上有平地百顷，泉水数十眼，是氐族的重要活动区域

陶渊明《桃花源记》中写桃花源"土地平旷，屋舍俨然，有良田美池桑竹之属，阡陌交通，鸡犬相闻"。仇池山之阡陌、之良田、之屋舍、之美池、之乡民皆如桃花源，别无二致。

东晋元帝建武元年（317 年），杨茂搜卒，其子杨难敌继位，号左贤王，屯下辨，其弟杨坚头号右贤王，屯河池（今徽县银杏树镇）。此时，仇池国政权中心已从仇池山区地带移至徽成盆地，疆域扩大到以西汉水流域为中心，西南至白龙江，东至嘉陵江上游，纵横数百里，今陇南地区大部都在其控制范围之内。

前仇池国政权传五代八主，历 76 年，至杨纂时为前秦攻灭。前仇池国灭亡后，苻坚为充实统治力量，徙仇池居民于关中，百顷之地遂空。仇池杨氏被迁到关中后，贵族酋豪都得到重用，杨茂搜的第三代孙杨定被苻坚招为女婿，封为前秦将军。

东晋孝武帝太元八年（383 年），前秦苻坚南伐东晋大败。国主苻坚死后，太子苻宏逃奔仇池，辗转投奔东晋。苻坚女婿、仇池氐豪杨定也返回仇池，徙治历城（在今西和县西峪坪，后改为建安城），再建仇池政权，史称后仇池国，称藩于晋，拥立前秦宗室苻登为帝，自号仇池公，晋割西县、上禄县（今礼县、西和县）与杨定。杨定置仓廪于仇池山，令其堂兄杨盛守护，杨定招集流亡氐人近万家，自号龙骧将军、严平校尉、仇池公。自此以后，杨定以仇池山为根据地，屡挫后秦军，仇池不仅复兴，而且向北扩展了疆域。

至442年，后仇池国为南朝刘宋所灭，共传二代四主，历58年。在陇南相继建立的几个氐族政权中，势力最为强盛的还算后仇池国，国土东至汉中，南接广元，北达天水，西界宕昌。

在后仇池国灭亡的第二年，北魏出兵击败宋守将胡崇之。武

西晋永嘉五年（311 年），杨茂搜得上禄县，置骆谷城，史称前仇池国，称臣于成汉李氏政权。图为古骆谷城旧城址所在地（今西和县洛峪镇灯塔村）

都氐人乘机拥立杨难当的侄子杨文德为仇池公，聚合武都、天水、汉阳、武阶、仇池五郡氐众附南朝宋抗魏。南朝宋封杨文德为武都王，以葭芦（今文县临江镇）为都建国，史称武都国。南朝宋元嘉二十五年（448 年）魏将皮豹子率军进攻杨文德，杨文德战败逃亡汉中，因失守罪被宋免官削爵，居建康。皮豹子设武都镇至白龙江北岸的仙陵山抵龙岗（今武都区城关旧城山）。至 477 年杨文度时为北魏所灭，传二代四主，历三十四年。

武都国灭亡后，在陇南同时建立起了两个氐族政权，一个叫武兴国，由刘宋扶持建立。一个叫阴平国，由北魏扶持建立。

杨文度死后，其弟杨文弘退守武兴（今陕西省略阳县），宋顺帝昇明三年（479 年），自立为武兴王，先附宋后投魏。史家称其政权为武兴国，强盛时据有今略阳、康县、徽县、凤县等地。天正二年（553 年），武兴王杨避邪起兵反魏，西魏派叱罗协和赵旭率兵讨伐，攻占武兴，斩杀杨避邪，武兴政权遂亡。武兴国传五代五主，前后历 75 年。

武兴国建立同时，北魏也扶持杨文度族叔杨广香在阴平（治今文县西园）建立起与武兴国相对抗的政权，史称其为阴平国，占据阴平和四川平武一带。后为北周所灭，共传七代七主，历103年。

这五个地方割据政权，因都为仇池氐族杨氏所建，故一般都统称其为仇池政权或仇池国，仇池政权前后延续284年，极盛期辖今甘、川、陕三省边境的六区十八县。

隋唐以后，河西、关中、中原一带的氐族逐渐消失了，陇南、蜀地等地的氐族也很少见于史载，这是由于随着氐族政权的垮台，起着保护本族语言、习俗的强力作用消失了，加之周围先进的汉

伏羲崖是仇池山主峰，巍然突起，耸入云端。相传伏羲崖为伏羲诞生地。南宋《路史》载："伏羲生于仇夷，长于成纪。"仇夷即仇池

族社会文明的影响，他们本民族的特征日渐淡化了，最终融合于汉族之中，被同化了。范文澜在《中国通史》中也谈到这一点，他说："最古老的匈奴、氐、羌等族，以及较后起的乌桓、鲜卑等族，经过十六国北朝将近300年的时间，此后，基本上不再见它们的活动，也就是说，融化到汉族里去了。"

秦汉至魏晋南北朝时期，陇南以及周边地区为氐族聚居区，其地名、山名、水名，多为氐族语言，汉字记音，其义均不详。诸如武都、仇池、河池、将利、建威、平乐、复津、盘堤、长松、孔堤、兰皋、葭芦、武兴、盘头、广长、广业、洛丛、两当等，俱为氐族语言，汉字记音。在设置郡县以前，这些地区由氐族民众长期居住，并建修了城镇，他们用自己的语言命名了城镇或地名、山名、水名。设郡置县后，这里的主要居民仍然是氐族，而中原王朝在其地设置郡县时则沿用了这些城镇名或地名。由于氐族有语言无文字，故官员以汉字记音方式记录了这些城镇名或地名，这也是诸多文献记载相同地名时，同音不同字的原因，如"河池"又写作"盍稚"(《三国志·魏志·乌丸鲜卑东夷传》裴松之注引三国魏鱼豢《魏略·西戎传》："[氐人]自相号曰盍稚，各有王侯，多受中国封拜。")，"下辩"又写作"下辨""下阪"，"修成"又作"循成"，"平乐"又作"平洛""平落"，"葭芦"又作"茄芦"，"广乡"又作"广香"，"洛谷"又作"洛峪""骆谷"，"嘉陵"又作"阶陵""将利"等，均为氐人语言汉字记音，同音而异写，由于氐族语言没有文字，且又失传已久，故其义不详。笔者认为，氐族语言应该与古蜀语相同、相通或相近，值得进一步深入研究。

在杨氏氐族建立政权，称雄仇池的同时，今陇南西北部还存在着一个由梁姓羌族建立的宕昌国。

宕昌国建立的确切年代已不可考，其国都设在今宕昌县城关，根据《北史·宕昌传》记载：北魏太武帝始光元年（424 年）十二月，宕昌王梁弥忽派其子梁弥黄奉表向北魏太武帝拓拔焘请求内附，太武许之，并遣使拜梁弥忽为宕昌王，赐梁弥黄为甘松侯。宕昌国始为北朝政权所承认。此后，一直向北魏贡献方物（地方特产）。南朝宋孝武帝大明元年（457 年），宕昌国又与南朝宋建立联系，南朝宋封梁瑾葱为河州刺史、宕昌王。北魏太和元年（477 年），北魏将皮欢喜攻占仇池时，宕昌王梁弥机曾遣其二兄率众攻击杨

宕昌县化马乡石阙寨，是宕昌国化马羌王管辖的边关军事要寨，峡谷险绝，岷江涛涌。民居简朴，傍山临江。村头有巨石，称“神石”

文度，被封为征南大将军、河南公、宕昌王等。后又受封于南齐。太和九年（485 年），梁弥机死，子弥博立，为吐谷浑所逼，逃奔仇池。梁大同七年（541 年），宕昌王梁仚定举兵反魏，西魏秦州刺史独孤信率兵讨伐，军未至而梁仚定为其部下所杀，独孤信在三交谷口击败梁仚定余部，其子梁弥定继为宕昌王。陈天嘉六年（565 年），宕昌羌反北周，进攻石门戍（今武都县石门），北周洮州总管李贤率千骑进攻，斩获数百人。次年，北周诏令大将军田弘进攻宕昌，获其二十五王，拔其七十六寨，于其地设宕州，辖宕昌郡（治今宕昌县南阳）、甘松郡（治今舟曲县峰迭）。宕昌国灭亡，共传九代十二主，历时 140 余年。

20 世纪 80 年代，宕昌县化马乡出土“魏率善羌仟长”驼钮铜印。“羌仟长”是仅次于羌君的地方部落首长。铜印现存甘肃省博物馆

宕昌国国力比较弱小，国土“自仇池以西，东西千里，席（籍）水以南，南北八百里。地多山阜，人二万余落”。大致相当于今宕昌县及岷县、舟曲县的部分地区。宕昌国羌族政权社会经济比较落后，但在与中原的频繁交往中积极学习，吸收汉族以及其他民族先进的生产和科学文化技术，对岷江

及白龙江上游地区的社会经济发展起到了积极的推进作用。

秦汉以前，宕昌、岷县地区就是羌人聚集地。《魏书》载："宕昌羌者，其先盖三苗之胤，周时与庸、蜀、微、卢等八国从武王灭商。"西羌在秦时南迁到武都地区，其中参狼羌的一支，因聚居于宕昌城而称宕昌羌。

宕昌置县较早，西汉初，因县境为羌族所居，故置羌道，治所在今宕昌县南河乡。三国后废。魏晋南北朝时期，于其地建宕昌国，是一个集族名、国名、地名为一体的称呼。南朝陈天嘉六年（565 年）宕昌国被北周灭亡，其地设宕州，其宕昌羌人一部居住原地，一部向四周流散。隋唐时期，流散到今甘肃陇西、宁夏地区的一支羌人部落崛起，史称党项羌，又称党项拓跋氏。

宕昌羌与党项羌有源流关系，"党项"羌就是"宕昌"羌，党项和宕昌都是羌人语言，汉字记音，是不同时期汉人史官或官员对同一支羌人的不同称呼，文字有异，但字音相同（或相近）。"宕昌"应读为"荡"（dàng）昌，而"炭"（tàn）昌则是现代当地人读音，属方言，或许与吐蕃语有关（唐"安史之乱"后其地为吐蕃所据）。"党项"也不应读作党"项"（相 xiàng），而应读为党"项"（夯 hāng），至今西北地区群众仍将"项"读为"夯"（hāng），把"颈项"读为"颈夯"（hāng）。

北宋熙宁六年（1073 年）三月，宋将王韶收复河州。接着攻下宕、岷二州，叠、洮二州的羌人首领于是都开城投降。宕、岷地区被吐蕃占领 300 余年，宕昌羌逐渐与藏族融合。20 世纪

汉陇西郡羌道，治所在今宕昌县南河乡南河村，今南河村贯山上存有尖角古城和烽火台遗址，尖角古城始建于汉代，烽火台始建于南宋。图为在南河村复建的古祭天台

50 年代初，这部分人被识别为藏族。但现在宕昌的藏族在服饰、民俗、民居等方面仍保留着羌人的风格，与藏族有着较大的差异。

# 六、三国古战场

西汉汉武帝元鼎六年（前 111 年），首置武都郡，郡治武都道（今西和县洛峪镇羊马城），辖 9 县（道），辖区相当于今西汉水及嘉陵江流域上游地区，自此以后，开始了大规模的经济开发活动。当时，陇南大部分地区的主要居民是氐族，今宕昌县一带是羌族居住区。氐族长期生活在西汉水、嘉陵江、白龙江沿岸，与关陇地区联系密切，大量接受了汉族的思想文化和生产技术，农耕生产已达到相当水平，种植粟、麦、麻，畜养猪、牛、马等。到东汉建宁四年（171 年），李翕出任武都郡太守时，“年谷屡登，仓庾惟亿，百姓有蓄，粟、麦（石）五钱”。同时，还开始了大规模的矿产开采，据成县《耿勋碑》记载：武都郡太守耿勋“开故道铜官，铸作钱器，兴利无极”。钱，即铸造的货币；器，则是铸造的器物，如兵器、礼器等。

东汉末年，天下大乱，军阀混战，群雄逐鹿。割据豫、兖诸

康县平洛镇出土的东汉时期墓葬墓砖砖雕，形象生动，十分精美

州的曹操，在官渡一战中击败袁绍，尽占黄河以北之地。为了统一整个全国，接着进军巴蜀、荆楚，曹操在赤壁被孙吴联军击败之后，便调集兵力，全力经略陇右。

建安二十二年（217 年）三月，曹操亲率大军自陈仓出散关，取道武都攻汉中张鲁，武都氐人沿故道堵防，曹操大军被迫窜行山谷，“军自武都山行千里，升降险阻，军人劳苦”。四月，又败氐王窦茂于河池，略定陇南后，氐人被杀者无数，有五万余户被迁往扶风、天水居住。夏侯渊在攻击下辨、故道时，还收掠氐人谷物十余万斛。十二月，曹操北返，留夏侯渊、张郃屯守汉中。

就在曹操经略陇南的同时，占据四川的刘备也图谋染指陇南。建安二十二年（217 年）冬，刘备、诸葛亮乘曹操与孙吴交战无力西顾之机，决定“率益州之众出于秦川”。刘备使诸葛亮总理

成县馆藏汉代双鱼纹青铜洗

后方粮草的供应，亲率赵云、黄忠、魏延等出马鸣阁道（今四川省青川县马角坝），攻克马鸣阁后，进至阳平关（今陕西勉县西）。次年春，在定军山（今陕西勉县东南）击杀夏侯渊，迫使张郃退守阳平关。同时，另派张飞、马超率吴兰、雷同等部攻占下辨，并留吴兰守下辨。曹操派曹洪驰援。刘备令张飞赴固山，欲断曹军后路。第二年春，曹洪攻击下辨守将吴兰，吴兰逃至阴平，被当地氐豪强端所斩。张飞、马超进无所据，退至汉中。

建安二十四年（219 年），曹操再次率军亲临汉中，在定军山一带与蜀军对峙两月余，因军心涣散，士卒逃亡，不得已撤军回长安。后又遣曹真至下辨，令曹仁退兵屯守陈仓（今陕西宝鸡市）。这样陇南及汉中均为刘备所得。自此以后，魏蜀两国为控制陇南及陇右地区展开了长达五十余年的激烈角逐，成为三国后期魏蜀交兵的主要战场。

蜀汉章武三年（223 年）四月，刘备病死白帝城，子刘禅继位，诸葛亮辅政。诸葛亮也十分重视经营陇南，在他生命的最后十年，他一直致力于北伐，希冀占据陇右，并以此为基地东攻长安，进而统一全国，完成“兴复汉室”大业。罗贯中在其小说《三国演

祁山位于礼县东、西汉水北侧，被誉为“九州之名阻，天下之奇峻”，地扼蜀陇咽喉，势控攻守要冲，所以成为三国时魏蜀必争之地

义》中以“六出祁山”来总结诸葛亮的北伐业绩。实际上，据史料记载，诸葛亮指挥的北伐活动共有四次，因这些战事大都发生在今礼县东部西汉水沿岸的祁山地区，并且都由蜀汉军北进所致，故称“出祁山”。

第一次出祁山发生在蜀汉后主建兴六年（228 年）。十万大军入汉中，屯兵于沔北、阳平、白马等地（均在今陕西勉县境内）。这年开春，诸葛亮亲率大军自汉中分两路，一路由赵云、邓芝先行，进据箕谷（今陕西褒城西北），扬言出斜谷道攻眉（今陕西眉县），魏军果然中计，派大将军曹真率大军加强对褒斜道的防御。诸葛亮见魏军中计，便率大军六万进攻祁山。南安（郡治今武山县西北）、天水（郡治在今甘谷县东南）、安定（郡治在今镇原县南）三郡军民纷纷“叛魏应亮，关中响震”。三郡降蜀，将魏军与金城、陇西、武威、张掖、酒泉、敦煌六郡道路截断，魏国朝野震惊，魏明帝亲赴长安督战，命张郃督步骑兵五万出长安西进。在这关键时刻，防守军事要地街亭（今秦安县东北部）的参军马谡舍水上山，凭高结营，被张郃围困后切断水源，蜀军不战自乱，马谡只好逃跑。

这年十一月，诸葛亮又举行第二次北伐。当时，魏吴战争又起，吴将陆逊击败曹休于石亭，驻守关中的魏军被调南下攻吴，诸葛亮见有机可乘，决定再次北伐。蜀军于十二月出兵，沿故道北进，出大散关（在今陕西宝鸡西南的大散岭上），至建兴七年春（229

祁山堡武侯祠。明代万历七年（1579 年），礼县知县里瑁建武侯祠于祁山堡上

年）围陈仓（今陕西宝鸡市），魏守军郝昭、王生采取紧闭城门、固守不出的策略与蜀军相持，蜀军围攻二十余日仍不能攻克，最后因粮草不济,加之张郃也引援兵西进,蜀军只好引退。退军之际，诸葛亮命将军陈式分兵西掠武都、阴平二郡。陈式兵抵下辨，魏雍州刺史郭淮带兵来挡,被诸葛亮设伏兵击败于建威(今西和县)，蜀军乘胜追到祁山。郭淮败退，武都、阴平二郡又被蜀汉占领。

第三次北伐发生在建兴八年（230 年）七月。魏明帝兵分三路攻汉中，张郃一路自陇西南下，直攻白马戍（亦曰白马城，在今陕西勉县西十里老城乡），为牵制张郃兵力，诸葛亮遣魏延、吴懿自河池出祁山，西入羌中，扰乱魏军后方。张郃闻讯，急忙退守上邽（今天水）。魏延、吴懿率军到达洮水西岸，辗转数月后引兵东归。十一月，行至首阳（今渭源县东南首阳镇）之南的阳溪时被魏军郭淮包围，诸葛亮急率大军接应，夹攻魏军，郭淮急忙撤军退回狄道(今甘肃临洮县),当张郃率领大军赶到首阳时，蜀军已退回汉中。

诸葛亮北伐的最后一战发生在祁山一带。建兴九年（231 年）二月，诸葛亮自汉中出发北进，并用“木牛”运粮，以图一举攻占要地祁山，魏军主将曹真诏令驻扎南阳的司马懿前去解围。司马懿率军赶到祁山时，正值魏军郭淮失败，上邽失守之机，于是，便驻扎在上邽东面的山上固守不出。司马懿又命郭淮奔袭蜀军粮道，同时联络西凉兵背道驰援，夹击蜀军。诸葛亮为寻找战机，主动退出上邽，司马懿举兵追击，蜀军退至西城（今礼县红河镇

木门道，位于礼县东。谷中稠泥河自北向南流入西汉水，峡谷窄处仅有一小道可通

境内）后布阵，魏军却退于山上掘堑以守，后司马懿经不住蜀军叫阵，于五月初十出战，军出即败。司马懿退回上邽，坚守不出。正当诸葛亮准备乘胜东进的关键时刻，主管粮草供应的中督护李严，因雨误期，怕丞相见罪，派参军马忠、督军成藩假传后主旨意，令诸葛亮退军。诸葛亮只得放弃祁山南归，司马懿急令张郃追击，诸葛亮设伏于木门道（今天水市秦州区牡丹乡），魏军大败，大将张郃中箭而亡。

诸葛亮四次北伐，志在必得，但陇右关系重大，曹魏拼力死守，因此，蜀军屡次进攻，虽有小胜，却无大功。于是，此后多年，蜀军再无北进行动。直到三年后，即建兴十二年（234 年）二月，诸葛亮才以养精蓄锐之师十二万，沿褒斜道北出，进抵渭水，屯兵五丈原。当年八月，诸葛亮病死军中，北伐之事也暂时停止。

在诸葛亮死后，蜀后主任命姜维为凉州刺史，统辖武都、阴平等地事务。延熙九年（246 年），姜维受任为蜀卫大将军，得以参决政事。此后，他继承诸葛亮的北伐事业，先后七次北伐，其中六次兵出陇南，但大都劳而无功。

延熙十年（247 年），秦、凉二州“羌胡”叛魏附蜀，姜维率军北上接应，在洮水以西地区同魏将郭淮、夏侯霸激战，旋将附蜀的羌胡豪帅白虎文、治无戴及其部将带回汉中。两年后，姜维又率兵万人北进，以图招诱羌人为蜀羽翼，姜维筑城于曲山（今岷县东），令句安、李歆守御，自率兵士别攻他郡。雍州刺史陈泰率徐质、邓艾围曲城，切断蜀军粮道水道，使蜀军陷于困境，姜维被迫撤军，邓艾追至白水北岸始停。

延熙十六年（253 年）春，姜维又统兵数万，取道石营（今西和县石堡镇），过董亭（在今天水西南），围南安，在洛门（今武山县）同陈泰相对峙，后因军粮不继，又自行退军。同年六月，姜维攻陇西，拔狄道，围襄武（今陇西县西南），击败徐质，徙河关、狄道、临洮三县居民而还。

延熙十八年（255 年），姜维又带兵出陇南，在洮水以西的故关同魏雍州刺史王经交战，消灭魏军数万，进围狄道。陈泰惧怕姜维在此招集羌胡，便亲率大军解围。姜维恐退路被截，便主动撤军至钟离（在今成县西北）。次年春，姜维受命为蜀大将军，七月，引军出钟离，准备打南安。邓艾在渭水北岸截击，姜维转攻上邽，行至段谷（今天水南），与邓艾相战，蜀军惨败。此后，

古阴平桥头，即今文县玉垒乡境内玉垒关，三国时期为魏蜀交兵之地

姜维又兵出骆谷，取迂回夺去秦川的策略，最后也无功而返。

姜维屡屡北伐，劳师动众，引起蜀中百姓怨恨，朝廷中宦官黄皓、右大将军阎宇也乘机策划废去姜维。姜维自知积怨甚重，不敢返回成都，只好率军到沓中（今迭部、舟曲间）屯田以避祸。当他得知魏将准备南攻成都时，曾上表请求派张翼、廖化带兵出守阳安关口（今陕西宁强县阳平关）与阴平桥头（今文县东玉垒关），以防患于未然，但不为后主刘禅所纳。

魏景元四年（263 年）八月，司马昭议决灭蜀。九月，钟会统兵十二万由长安出发，兵分三路，分路从子午道、傥骆道、褒斜道攻入汉中。驻守沓中的姜维在邓艾的重兵包围下苦战不胜，便突围撤退。退至漒川口（今宕昌县两河口，漒水又称羌水，即

邓艾亲率精兵三万余人，沿白龙江东行至阴平境内，走荒僻小道，道路十分艰险

今岷江）时，受到天水太守王欣袭击，损失惨重。姜维沿羌水南撤，闻诸葛绪已抢占桥头，便率军北进，诱使魏军弃守桥头，然后又调头回军桥头。退至阴平与廖化合兵后，得知阳安关口情势危急，便又前往增援，途中得知蒋舒已献关降魏，便退守剑阁。

钟会进至剑阁后，受到姜维的顽强抵抗，被拒于剑门关外而不得进。十月中旬，邓艾亲率精兵三万余人，沿白龙江东行至阴平郡境内，走荒僻小道，道路十分艰险，“艾以毡自裹，推转而下。将士皆攀木缘崖，鱼贯而进”。后进至果阳坝（今四川青川县北），俘虏了自剑阁往援江油的蜀将田章。然后越龙门山至江油，俘蜀江油戍将马邈。继而攻绵竹，蜀卫将军诸葛瞻孤军苦战，拒不投降，直至战死。蜀后主刘禅闻绵竹已失，自知成都无险可守，便放弃抵抗，自缚双手，抬着棺材到城外邓艾军营前投降，魏军不战而入成都。至此，立国 43 年的蜀汉政权灭亡。

# 七、宋金鏖战地

宋金交战时期，陇南是南宋王朝的西北边防前沿地带，也是金人志在必得的入蜀要道。南宋学者郭允蹈在其《蜀鉴》一书中再三告诫“阶、成、兴、凤等州为蜀之藩篱”，保蜀必先保阶州、成州及汉中之地。南宋将领吴玠、吴璘、吴挺等在陇南人民的大力支持下，在这一带前后坚守六十多年，抗击了金兵元帅兀术、萨里干等十数万人的多次进攻，大小战役百余次，成功地守住了南宋王朝的西北防线，为川蜀人民及南宋王朝赢得了较长时间和平生活、生产的环境。

南宋初年，金兵大举南下，矛头直指刚刚建立的南宋政权。在这国难当头的危急时刻，在人民抗金斗争的热潮推动下，南宋军官中也涌现出一批抗金英雄人物。当时，在中原率领爱国军民英勇抗击金兵的著名将领有岳飞、韩世忠；在西北，领导军民同金兵展开殊死斗争的则是吴玠、吴璘兄弟。

宋、金交战时期，兵防要地七方关（今康县云台镇山岔村），为南宋将领吴璘军队驻屯地

建炎元年（1127 年）冬，金兵分三路南下，由洛索、萨里干率领的西路军，直入“秦川之地”，企图占据陇右，打开入蜀大门，然后顺江东下，消灭东南的赵宋政权。建炎四年（1130 年）九月，川陕宣抚处置使张浚调集四十万大军，在富平（今陕西富平县）与金兵展开决战。由于盲目轻敌，处置失当，结果宋军大败，“丧师三十万，失地六十州”，金兵占领了几乎整个陕西和甘肃东部地区。

绍兴元年（1131 年）春，金兵再次大举南攻。吴玠受命担任陕西诸路都统制，负责固守阶、成、岷、凤、洮五州及凤翔和尚原（今宝鸡市西南）一线防务。金兵进军迅速，至三月十八日，攻破阶州，向兴州（陕西略阳县）进兵。关陇六路皆为金人占有。四月，阶州统领杜肇收复阶州。五月，金军分两路夹击和尚原，均被宋兵击败。十月，金军大将兀术会诸路兵十余万人，造浮桥，跨渭水，再次向和尚原发起大规模进攻。面对强敌压境，吴氏兄

青泥岭为古代秦陇入蜀的必经之地，被誉为“秦陇屏障、巴蜀咽喉”

弟依靠当地百姓支援，誓死保卫和尚原。在战斗中，他们采用强弓迭射，奇兵邀击、断敌粮道、纵兵夜袭的战术，激战三昼夜，终于大获全胜。这次战役，杀死金军将士上万，生俘金将三百余人，兀术本人也被射中两箭，差一点当了俘虏。这是他入侵中原以来遭到的一次最大的失败。

绍兴四年（1134 年）正月，金兵又开始南攻。二月中旬，兀术、萨里干和伪齐刘豫率领十万骑兵攻取两当县后，从铁山（今徽县东南）凿山开道，循青泥岭东侵。此时，吴玠屯兵仙人关，吴璘驻防于七防关（今康县云台镇大山岔）。吴玠得知金兵进犯，急忙率军迎战，在仙人关东三里处筑城垒，起名杀金坪（又名胜金

南宋绍兴四年(1134 年),宋军与金军在仙人关(今徽县东南)进行了一次要隘攻防战,是南宋十三处战功之一。图为仙人关大战旧址

坪),设置关隘两道。吴璘远道来援,沿途与金兵转战七昼夜,始得与吴玠军队会合。双方参战的兵力十分悬殊,金兵达十万,而宋军仅三万。二月下旬,金兵直赴杀金坪,金兵进攻异常猛烈,但屡屡受挫。兀术首先进攻吴玠大营,被吴玠用神臂弓和炮石击退。金兵屡受打击,溃不成军,兀术眼见大势已去,也夺路而逃了。仙人关大捷,宋军以少胜多,名传千古。

绍兴九年(1139 年)正月,宋金和议初成,吴玠、岳飞等以功高名著,被封为“进开府仪同三司”,吴玠迁为四川宣抚使。六月,吴玠病逝于仙人关营所,年仅四十七岁。死后欲归葬故乡,但八月金人背盟，次年四月又大举入犯，因此吴玠墓碑存留于河池县（今徽县）。清嘉庆十三年（1808 年），时任徽县县令张伯魁寻访到该墓碑后，将其移立至县城东北隅的钟楼山（在今徽县城关），并建有吴玠衣冠冢（民间称“吴玠墓”），当地百姓称其为吴山。史载当宋高宗听到吴玠病逝的奏报后，十分悲痛，罢朝三日，以示悼念，并给其家属赐钱三万。为了褒奖吴玠的保蜀抗金大功，“谥武安，作庙于仙人关”。孝宗时追封为“涪王”。

史书中常说的“南渡五大将”，只有岳飞和吴玠的功业处于同一级别。绍兴元年（1131 年），和尚原大捷后，吴玠因战功被授镇西军节度使，绍兴四年（1134 年），岳飞才被授节度使，岳飞授节时间比吴玠迟了三年。

吴玠墓碑现存留于河池县东北隅的钟楼山（在今徽县城关）上，并建有吴玠衣冠冢，当地百姓称钟楼山为吴山

仙人关大战后，金军再也没有实力向四川发起进攻，南宋在四川的防线真正稳定下来。此后，形成了宋、金对峙的局面，基本稳定了南宋王朝西北边境局势。

吴玠死后，领导川陕军民抗金的重任便落到了吴璘的肩上，他继承其兄遗志，坚持抗金斗争，继续为抗金保蜀作出贡献。

绍兴十一年（1141 年）八月，金统军呼珊、迪布禄合军五万屯于陇州（今陕西陇县）的刘家圈，企图伺机南犯，吴璘在仙人关一带集合大军与敌相持。吴璘认为,应乘敌不备主动进攻，以攻为守。于是，他向四川宣抚使胡世将请兵，然后取道秦州，直赴刘家圈，出奇兵向金兵发起突然袭击。这一仗，宋军杀敌数千，生俘万余人，胡世将在向朝廷上报的状文中说，川陕用兵以来，未有如此之胜。

绍兴三十一年（1161 年）九月，金主完颜亮背盟毁约，发动六十万大军全面攻宋。他遣合喜为西元帅，扼守大散关，进攻黄牛堡。吴璘以重病之身，亲自布置抗金防务，随后指挥军队收复秦、陇、熙、河等十三州，驻军德顺州（今静宁县），同金兵相抗。正当宋军节节胜利之时，苟且偷安的南宋朝廷却主动向金求和，以大散关为界，岷、阶、成、凤等地仍为宋地。吴璘退兵返回河池，返回途中，遭到金兵袭击，三万精兵，仅余七千，所得之地悉被金人抢占。乾道三年（1167 年）五月，吴璘在悲愤交加中死去，谥曰“武顺”，被追封为信王。

吴璘死后，其子吴挺被任为兴州都统，负责阶、成、文、兴、

南宋西和州大潭县古城遗址位于礼县县城南 40 千米原太塘乡太塘村，现存有宋代石碑三通。县衙遗迹为青砖铺地，有柱石、石条、陶水管道等物出土

凤州等地防务达二十年之久，最后病死于成州。嘉泰三年（1203 年）十月，宋宁宗赵扩亲书“世功保蜀忠德之碑”，国子祭酒高文虎奉旨撰文，朝奉大夫、起居舍人陈宗召奉旨书文，立碑于成州北吴挺墓前（在今成县城关石碑寨村），石碑仍存，碑文八千余字，详细记述了吴挺生平事迹。

南宋绍定四年（1231 年）秋八月十四日，蒙古大军攻西和州，知州陈寅率兵民千余人凭城死战，坚守月余，粮尽援绝。西和州城削山为基，四面陡绝，独水门一路有隙，将官刘卓挟小忿，逾城以水门降，蒙古兵乃并力攻陷西和州城池。临难之际，陈寅对其妻杜氏说，你赶快想办法逃走吧！杜夫人厉声说道，难道能活着与君一起享受国家的俸禄，而不能以死来共同报答朝廷吗？言毕，即登上城头堡垒饮药自尽。两个儿子陈岐、陈嶷及儿媳也一起服毒自杀在母亲身旁。陈寅收殓了亲人的尸体，举火焚化后，穿上朝服，登上城头战楼，遥望朝廷宫阙所在的东南方向，焚香跪拜，仰望苍天，大声哭泣道：“臣始谋守此城，为蜀藩篱，城之不存，臣死，分也。臣不负国！臣不负国！”哭毕，再拜，伏剑而死，以示怀念朝廷，忠君爱国。此事成为千古传诵的典故——“登楼望阙”的由来。

有学者考证，陈咸、陈寅父子为邯郸涉县合漳村人。清代《涉县志》中记载：陈咸，字逢儒，涉县合漳村人。陈寅，涉县合漳村人，陈咸之子。《钦定四库全书·甘肃通志》卷二十五载：“西和守谥襄节陈寅墓在西和县崆峒山北半里许，同时殉难二十八人，墓在旁。殉节通判贾子坤墓在西和县。”

明初，朱元璋曾下旨，封有功德于民，且已故去的地方长官或忠臣烈士为当地城隍，陈寅被封为西和州城隍。西和的城隍庙坐落于民居之间，斗拱飞檐，古韵盎然，但庙宇门楼的匾额上题写的却是“忠烈祠”，两边悬挂“登吾堂皆端正人士，进此门须正人君子”楹联。

## 八、北方茶马古道

茶马古道，是指唐宋以来至民国时期，中央政府以汉地所产茶叶同西部少数民族以马匹相互交换为主要内容的古代商贸通道。说起茶马古道，川藏、滇藏线几乎人人耳熟能详，而它与陇南的关系却鲜有人知。

实际上，川藏、滇藏线等西南茶马古道，是以马帮为主要交通工具的民间国际商贸通道，即用内地的茶、布匹、日用器皿，交换西藏吐蕃民族的骡马、毛皮、药材，并远销缅甸、印度等国。而西北茶马古道是一个特定的历史概念，其目的是为抵御北方外族入侵通过茶马交易筹措战马，是国家行为，有一套特定的严格的管理办法，它的战略意义是西南茶马古道无法相比的。

陇南在历史上，是四川、汉中等地西进陇右及青海、西藏的必经之地，是西北茶马古道的主要地区。陇南地区的茶马古道在宋、明、清时期承担了四川、汉中及湖南等地同陕西、甘肃、宁夏、青海地区茶马交易的主要任务，是真正意义上的以茶易马的茶马古道。

陇南茶马古道由主干线和若干条支线构成，官府在道路沿线设立有各类管理机构。今徽县榆树乡火站村为陕西巡茶御史的官署所在地，负责监管全国养马苑囿和茶马交易，陇南也就成为全国茶马交易的管理中心。徽县的《新修巡茶察院行台记》《重修庙学记》《徽州调

青泥岭古道，宋、明、清时期陇南茶马古道干线道路，南方茶叶经此道源源不断运往北方地区

停驿站碑记》及康县的《察院明文》等石碑对茶马交易有详细记载，这在全国都是仅见的。

北宋与辽、西夏、金对峙期间，北方产马地区被辽、西夏、金所侵占，他们不但限制战马流入宋王朝，且在战场上掠夺战马，造成宋战马严重短缺。“夷人不可一日无茶”，而宋朝不可一日无马，以茶易马，就成为双方解决紧缺物资的主要途径。因此，茶马贸易由朝廷严格管控，也成为了当时的边陲要政。宋熙宁七年（1074 年），宋神宗在秦州、成都设立“茶马司”，专门负责与吐蕃、西夏茶马交易。并在岷州、文州、阶州等地设置茶马交易市场，进行茶马交易。

康县平洛龙凤桥修建于清代，是古代茶马古道的重要通道

陇南的茶马商道遍布陇南全境，主要有三条主干线路：东线为青泥道，南线为阴平道，北线为祁山道。东线青泥道最为重要。青泥道从汉中南郑县起至略阳县，渡嘉陵江至虞关，越青泥岭至徽州县城，经银杏树、火站、高桥、白音峡、李子园到达秦州，古道历史悠久。

现今，茶马古道在徽县境内保存的遗迹较多，其中的青泥岭、白水峡、嘉陵江一线，是此路上的重要关津，也是最为艰险的地方，发现了大量的摩崖碑刻题记、栈道遗址等考古遗存。

2009 年，文物工作者在康县望关石猫梁古道旁发现了一块“察院明文”石碑，碑额中的“察院明文”有明朝官府公文的特征，明朝都察院，简称“察院”。碑文中可以识别出“巡按陕西监察 / 示知一应经商人 / 茶马贩通番捷路 / 旧规堵塞俱许由 / 敢有仍前图便由 / 官兵道□放者”。从其内容来看，该碑立碑时间应为明嘉靖十五年（1536 年）巡茶御史刘良卿上奏“严禁边地茶贩私售”之后。刘良卿命令察院以石碑形式发布的告喻“经商人等”的“大字告示”。“察院明文”残碑这一重大发现，对于研究陇南茶马古道文化具有极为珍贵的史料价值。

2009 年，在康县望关乡石猫梁发现了明代“察院明文”石碑，是研究陇南茶马古道珍贵的实物资料

明朝初年，为了保证榷茶顺利进行，朱元璋在临近西北的关津大肆建茶马巡检站所，实行“南茶

易北马”的政府茶马专营国策。

洪武五年（1372 年），朝廷在秦州设立茶马司，严格茶叶经营管理，并在徽州火站镇（今徽县榆树乡火站村）等地设立了批验茶引所(批验所),专门负责秦蜀道茶马贸易及茶引检验等事务。汉中府所属五州县的茶叶经此地运至秦州三十五里店（今秦州区皂郊镇、徐家店之间）交割，然后才可以上市交易，转运金城（今兰州市），分赴河湟、河西及西域地区。

由于徽州火钻镇独特的地理位置，设于火站镇的批验所长期保留。正统五年（1440 年），明英宗要求无茶课的批验所均应裁减，而火钻峪茶引批验所不在裁减之列。嘉靖十四年（1535 年），监察御史刘希龙裁撤秦州骆驼巷等批验所时，“唯火钻镇，官虽

明嘉靖十七年（1538 年），朝廷巡茶御史沈越在徽州火钻镇（今徽县榆树乡火站村）修建察院行台，为巡茶御史驻节办公之地

革而印未缴也”。

嘉靖十七年（1538 年），为便于管理茶马贸易，巡茶御史沈越在徽州火钻镇主持修建了巡茶察院行台，为朝廷御史巡茶途中驻节办公之地，并在附近的木芦镇修建了巡茶御史公馆。明郭从道纂《徽郡志·建置·杂属》记载：“御史行台在火钻镇。嘉靖十七年（1538 年），巡茶御史沈公越檄、知州王时雍创建，礼部尚书吕柟有记。分司在行台右，即批验所旧址。公馆在木芦镇。”沈越在《新修巡茶察院行台记》碑文中说：“火钻镇距徽州城 60 里，去秦州 200 里。而茶马由此通矣。”至此，徽州火钻镇成为全国茶马交易的管理中心。

旧时陇南山道上的“背客子”，是专门以背篓运送货物谋生的人。陡峭崎岖的羊肠小径，无法通车挑担，背篓就是最方便的运输工具

明朝还在徽州高桥、虞关（今徽县虞关乡）和阶州七防关（今康县大南峪乡）设立了巡检司，严防茶叶马匹走私。由此可见，陇南地区在全

国茶马交易中占有十分重要的位置。

康熙七年（1668年），清政府裁撤陕西茶马御史，康熙四十四年（1705年），决定将“西宁等处所征茶蓖停止易马，将茶变价银元充饷”。这样，自唐代以来实行了1000多年的官茶垄断贸易，至此便宣告终结了。但民间茶叶贸易仍然正常进行。昔日的茶马古道虽然没有了茶马贸易的内容，但茶叶和其他物品的交易依然存在，南方的茶叶和丝绸、布匹、白酒、日用品经此源源北上，而北方的食盐、水烟、皮毛、药材等由此南下，历经数百年，茶马古道的作用依旧。

如今的青泥古道除了小部分路段仍可通行外，大多数已经湮没在荒草中无法辨识了，但它却在古人的大量诗文中保存着最初的风貌。

一条古道，因为有了茶的滋润，所以穿山越岭执著，绵亘千里不朽；一条古道，因为有了马帮的故事，所以刻骨铭心念念不忘，世世代代相传。

# 九、红军足迹遍陇南

1932 年 4 月 2 日零时，一声清脆的枪声划破了孤城两当的夜空，习仲勋、刘林圃、许天洁等人在两当县发动“两当兵变”，点燃了甘肃革命的星星之火。兵变部队连夜北上，沿广香河（即两当河）向太阳寺（现两当县太阳乡政府所在地）方向前进。

4 月 2 日上午 9 时，兵变队伍到达两当县最北端的太阳寺。在此，刘林圃代表中共陕西省委宣布兵变部队改编为“中国工农红军陕甘游击队第五支队”。

1935 年 4 月至 1936 年 10 月，中国工农红军第一、二、四方面军和红二十五军，长征途中先后经过陇南，足迹遍及全市九县（区）一百多个村镇，发动群众，建立了一百二十多个苏维埃政权和地方武装。党中央在宕昌县哈达铺作出了进军陕北，建立革命根据地的重要决策。红二、四方面军在这里同敌人进行了殊死战斗，歼灭了大量敌人，数百名红军将士长眠于此。红军建立

1932 年 4 月 2 日，习仲勋、刘林圃、许天洁等人在两当县发动“两当兵变”，点燃了甘肃革命的星星之火

的丰功伟绩，陇南人民世世代代铭刻在心。

1935 年 3 月下旬，红四方面军为粉碎敌人“川陕会剿”，实施建立川陕甘根据地的战略计划，挥师西渡嘉陵江，向川西北进军。全军渡江后，部队分为两路，西路以九军为主力，迅速向梓潼、江油、彰明进军，逼近成都；北路以三十一军、三十军为主力，攻占青川、平武，直抵川甘边界。4 月 10 日，北路红军抽出部分兵力，分三路攻入文县境内，其中两路分别进占平台山、黄土梁、悬马关，直逼陇南重镇碧口。一路直插摩天岭，击溃守敌后向文县县城挺进，计划攻取文县，进而夺取武都、天水等地，实现在陕南、陇南、川北地区建立革命根据地的计划。

驻防昭化、碧口、文县县城一带的国民党第一师独立旅调集

摩天岭位于文县与四川青川县交界处，摩天岭有著名的“阴平古道”。三国时 ，魏将邓艾从这里裹毡而下，直插江油关而灭蜀

军队、民团拼命抵抗。坐镇天水的胡宗南急忙亲自率领十二个团的兵力日夜兼程赶来增援，在摩天岭、平台山一带同红军展开争夺战。红军为避免孤军深入，遂主动撤回摩天岭固守。战役期间，红四方面军又接受了接应中央红军北上的任务，主力继续向川西进军。于是，在摩天岭一带同敌人激战的部队在坚持了十九天之后，于 4 月 28 日主动撤离战斗，退回青川、平武县境内，随大部队西进。

1935 年 7 月底，红二十五军长征部队三千多人在军长程子华、政委吴焕先、副军长徐海东率领下，先后经陕西子午镇、周至、佛坪、留坝，到达凤县双石铺。在双石铺，他们获得了胡宗南部署军队堵截中央红军的情报，遂决定攻击天水，以牵制敌军，策

哈达铺红军长征纪念馆。毛泽东、张闻天等从哈达铺邮局的报纸上获得了陕北红军和根据地仍然存在的消息，遂决定在陕北建立革命根据地

应中央红军北进。8月2日，红二十五军离开双石铺，翻越马陵关进入两当县内，分三路包围了两当县城。8月3日清晨攻占县城。第二天清晨，红军继续北上，到达太阳寺。次日，红军离开前村进入天水。

1935年9月17日拂晓，中央红军先头部队一军二师四团在突破天险腊子口后，追击逃敌进入岷县。次日，红四团占领了哈达铺。同时，毛泽东率红军主力通过了腊子口，于18日下午到达旋窝村。20日下午，毛泽东到达哈达铺。在哈达铺休整期间，毛泽东、张闻天、周恩来等中央领导同志从邮局缴获的国民党报纸上获得了陕北红军和根据地仍然存在的消息，遂决定向陕北进发，会师陕北红军，在陕北建立革命根据地。22日下午，中央召开了团以上干部会议。会上，毛泽东代表党中央作了关于形势和红军整编的报告，强调了到陕北建立革命根据地的重要意义。

9 月 23 日，红军先头部队按照党中央“佯攻天水，北渡渭河”的作战计划，从哈达铺出发，向东经宕昌理川、八力到达岷县闾井。26 日，胜利突破了敌人的渭河封锁线。此后，继续北上，10 月 18 日到达陕北吴起镇，完成了举世瞩目的万里长征。

1936 年 7 月 2 日，红四方面军在四川甘孜与红二方面军会合。8 月初，按照党中央“速出甘南，抢占腊子口，攻占岷县城”的指示，红二、四方面军决定发动“岷（州）洮（州）西（固）战役”。

在红四方面军进占岷县、临潭地区的同时，红二方面军总指挥部根据党中央“东出陕西交界的凤县、宝鸡、两当、徽县、成县、康县一带”的指示，发起了“成徽两康战役”。1936 年 8 月 29 日，红二方面军从哈达铺出发，至 9 月 19 日，红二方面军兵分左、中、右三路，先后攻克成县、徽县、两当县、康县四座县城，建立了临时革命根据地。

1936 年 10 月 1 日，党中央同意红二方面军撤离成、徽、两、康地区，向北转移。10 月 4 日，红

哈达铺同善社为红一方面军司令部及周恩来住室

哈达铺红军长征旧址坐落在一条长约 1200 多米的街道上，这是红军在长征途中走过的最长、保留当年原貌最完整的一条街，被誉为“中国工农红军长征第一街”

二方面军在天水娘娘坝、礼县罗家堡一带同国民党军队激战，十六师师长张辉牺牲，政委晏福生负重伤。8日，左、右两路纵队在礼县固城会合，9 日强渡渭河，22 日到达静宁将台堡，实现了三大主力红军大会师。

红军在长征途经陇南期间，充分发动和教育群众，建立了一百多个县、乡、村苏维埃政府和农会，建立了 15 支地方武装。为了保证红军的休整，各级苏维埃政府和农会组织群众，开展了轰轰轰烈烈的筹办粮物、支援红军活动。在红军的教育影响下，全市有五千多名游击队员和群众参加了红军。这些陇南人民的优秀儿女，在革命队伍中南征北战，血染沙场，多数人英勇牺牲，忠骨葬于异乡。一部分被派回家乡开展地下斗争，成为陇南地下党组织的骨干力量。

红军的英雄事迹，永远在陇南山区流传，红军的革命精神，永远激励陇南人民奋进。

第三单元

# 就在一转眼 万水和千山

印模铭文秦公簋

印模铭文秦公簋，1917年发现于礼县红河与天水杨家寺交界处秦宗庙遗址。春秋早期秦公青铜器，为国家一级文物，现藏中国历史博物馆。该秦公簋有105字铭文，歌颂了先秦十二公之丰功伟绩和秦襄公在礼县的兴国之志。铭文由印模打就，制作方法新颖，在古代青铜器中独此一例，开创了早期青铜器乃至世界活字印模的先河。

白龙江畔的早晨，水波幽远，烟雾飘渺，绿草斜阳，白鹭飞来

陇南市共有各类景点400余处，其中国家AAAA级旅游景区15处，国家级重点文物保护单位6处，国家级自然保护区2处，国家级森林公园3处，全国爱国主义教育示范基地1处。

# 十、旅游线路

陇南市东邻陕西省宝鸡市凤县和汉中市略阳县、宁强县，西连甘南藏族自治州舟曲县，北靠定西市岷县和天水市武山县、甘谷县、秦州区、麦积区，南接四川省广元市青川县、绵阳市平武县和阿坝藏族羌族自治州九寨沟县。市内外各市、县之间有高速公路、公路或铁路相连接。

## 1. 陇南一日游推荐线路

陇南市—武都五凤山—姚寨沟

陇南市—武都万象洞—朝阳洞—姚寨沟

陇南市—武都万象洞—天池

陇南市—成县西狭颂景区—杜公祠

陇南市—成县西狭颂景区—鸡峰山国家森林公园

陇南市—哈达铺红军长征纪念馆—官鹅沟

宕昌县官鹅沟的雷古雪山，受山地气候影响，降雨丰沛，峰峦叠嶂，兼具险峻与奇美，成为毫无人工雕凿的原始自然风景区

陇南市—康县花桥村—阳坝自然风景区

陇南市—礼县秦文化博物馆—礼县秦西垂陵园

陇南市—两当兵变纪念馆—云屏三峡

## 2. 陇南二日游推荐线路

陇南市—武都五凤山—姚寨沟—武都万象洞—朝阳洞

陇南市—哈达铺红军长征纪念馆—宕昌官鹅沟—大河坝森林公园

陇南市—武都五凤山—万象洞—文县天池

陇南市—成县西狭颂景区—吴挺碑—杜公祠—鸡峰山

陇南市—西和县晚霞湖—礼县秦文化博物馆—秦西垂陵园—祁山堡武侯祠

陇南市—武都万象洞—文县天池—铁楼白马藏族民俗村

陇南市—康县花桥村—大水沟—白云山公园—阳坝梅园沟

陇南市—两当兵变纪念馆—杨店古建一条街—云屏三峡—徽县三滩

### 3. 陇南三日游推荐线路

陇南市—成县西狭颂景区—杜公祠—鸡峰山—西和晚霞湖—法镜寺石窟—秦文化博物馆—礼县秦西垂陵园—祁山堡武侯祠

陇南市—康县花桥村—白云山公园—大水沟—阳坝—成县西狭颂—吴挺碑—杜公祠—鸡峰山。

陇南市—武都五凤山—万象洞—文县天池—铁楼白马藏族民俗村—碧口古镇

陇南市—成县西狭颂—吴挺碑—杜公祠—鸡峰山—金徽酒业—徽县三滩—两当兵变纪念馆—张果老洞—云屏三峡

陇南市—武都五凤山—姚寨沟—武都万象洞—朝阳洞—哈达铺红军长征纪念馆—宕昌官鹅沟

### 4. 注意事项

（1）陇南景点多，但比较分散，所以建议旅友们行前详细规划，合理安排线路，也可联系当地旅行社，做到省时省力省钱。

（2）陇南大景点多在山区，路窄、坡陡、弯急，多数景点都要1小时以上乃至3到4小时的车程，建议自驾游的旅友谨慎开车，注意行车安全。

（3）官鹅沟、阳坝景区在节假日或旺季住宿比较紧张，建议旅友们出行前一定要提前预订好住宿地点，以免影响游玩。

（4）夏季要做好防晒准备，建议旅友们穿长袖衣物，戴遮阳帽。夏秋季节多雨，一定要携带雨具。春秋季节山区气候多变，昼夜温差大，要携带厚衣物，做好防寒准备。

## 十一、旅游交通

陇南人走出大山的希冀，在远古时代就已开始。陇南境内多高山峻岭，深谷大河，地势起伏剧烈。陇南先民们为冲出群山重围，刀砍斧凿，子孙相继开通了几条出陇入川的古道，如故道、青泥道、祁山道、阴平道等，但限于当时的条件和施工技术，这些道路都十分狭窄、简陋险峻，可谓“举头峻峭嵯峨，侧耳波涛汹涌”。这种艰险异常的交通状况持续了数千年，李白在《蜀道难》一诗中，就真实地描述了蜀道险峻难行的状况。

中华人民共和国成立以来，在国家的大力资助下，陇南人民艰苦奋斗，初步形成了以公路为主的交通运输网，铁路、公路、水路相辅相成，“蜀道难”一去不复返了。

### 1. 公路交通

陇南境内共有公路 2076 条，其中高速公路 6 条（武罐高速、成武高速、徽天高速、渭武高速、两徽高速、武九高速），国道 2 条（G212 线兰渝路、G316 线福兰路），省道 6 条（S205 线江武路、S206 线大姚路、S219 线祁成路、S208 线洛马路、S306 线徐合路、S307 线白望路），县道 41 条，乡道 68 条，村道 1945 条，专用道路 14 条。

兰渝铁路陇南火车站于 2014 年 5 月开工建设，2016 年 12 月 26 日投入使用，为陇南市的标志性建筑

2. 铁路交通

境内有铁路 2 条（宝成铁路、兰渝铁路）。

宝成铁路途经两当县、徽县。两当火车站位于两当县站儿巷乡，徽县火车站位于徽县嘉陵镇。

兰渝铁路起于兰州西站，止于重庆北站，穿越甘、陕、川、渝三省一市 22 个县市区，在陇南市境内设有哈达铺站、宕昌站、沙湾站、陇南西站、陇南站、桔柑站、洛塘站。哈达铺站位于宕昌县哈达铺镇金布川村。陇南站位于武都区东江新区。

3. 民航交通

陇南成县机场位于陇南市成县石家沟村，距离成县汽车站 5 千米，距离陇南市区 131.7 千米。机场已于 2018 年 3 月 25 日正式通航，机票在各大售票网站全面开售。

进港航班包括北京—陇南、青岛—陇南、西安—陇南、海口—陇南、重庆—陇南、兰州—陇南；出港航班包括陇南—北京、陇南—青岛、陇南—西安、陇南—海口、陇南—重庆、陇南—兰州。

陇南成县机场距离成县汽车站 7.5 千米。

县城至机场开通专线公交车，自西关发车，途经西大街（莲湖公园）、十字街、盘旋路、东河大桥等，经支旗、枣儿沟至机场。每 15 分钟一班次，实行一票制，票价 1 元，每天 6:20 发车，19：20 收车。

陇运集团为旅客提供从陇南成县机场至陇南火车站的接机及

陇南火车站至陇南成县机场的送机服务。

接机线路：

陇南成县机场—成武高速—钟楼滩汽车站—陇南火车站。

送机线路：

陇南火车站—钟楼滩汽车站—成武高速—陇南成县机场。

陇南火车站发车时间：

早上三趟：7：00、9：00、11：00；下午一趟：15：40。

陇南成县机场发车时间：

早上：12：00；下午：13：00、18：00；晚上：21：00。

### 4. 公交客运

城乡公交客运迅速发展。全市汽车客运站 14 个，公交车 322 辆，客运班线 260 条。乡镇通班车率达到 100%，行政村通班车率达到 80%。

武都长途汽车站位于陇南市武都区钟楼滩，是区内唯一的客运枢纽站，日发班车 40 多个班次。距省会兰州市 458 千米，距西安市、成都市、重庆市的距离都在 500 千米左右，距九寨沟 200 千米。

陇南武都汽车东站位于陇南市武都区盘旋南路。

武都区、成县、徽县、西和县成立了公交公司，开通了公交客运线路。

各县城都有出租车运营，方便城区市民的交通出行，也便于

陇南市把发展农村公路与生态旅游、特色产业、美丽乡村、电商快递结合起来，新建、改建农村公路 1.2 万千米，实现了具备条件建制村通硬化路目标

旅客到达景点。

近年来，随着高速公路、兰渝铁路、机场的相继建成，陇南的交通瓶颈逐步打破，区位优势日益凸显。

### 5. 陇南市区公交

陇南市区开辟多条公交线路：

（1）白班（大致运行时间 06：30-20：00）

1 路（钟楼滩公园←→污水厂）；2 路（武都公交公司←→市政府）；3 路（黑坝←→东江水公园）；5 路（骨科医院←→大堡桥

头）;6 路（王家庄←→污水厂）;7 路（东江水公园←→武都监狱）;8 路（大堡桥头←→东江水公园）;9 路（东江水公园←→万象洞）;11 路（体育场←→张家咀）;12 路（东江水公园←→罗寨）;13 路（东江水公园←→段河坝桥）；15 路（陇南火车站出发，对开循环经武都汽车站、陇运集团，环行回到陇南火车站）；20 路（陇运集团←→两水林业局家属院）

（2）夜班（大致运行时间 20：00-00：25）

18 路（钟楼滩公园←→开往二中）；19 路（陇南火车站←→陇运集团公司）；21 路（张家咀←→新市街十字）

陇南市城区一角

# 十二、旅游服务

## 1. 主要旅行社

| 名称 | 地址 | 电话 |
| --- | --- | --- |
| 中国旅行社（陇南分公司） | 陇南市武都区城关镇商贸西街统建6号楼 | 0939-8211296 |
| 甘肃保利国际旅行社有限责任公司（陇南分公司） | 陇南市武都区城关镇盘旋路天元大厦107号 | 0939-8490188 |
| 陇南西部乐游旅行社有限公司 | 陇南市武都区城关镇盘旋路街心花园 | 0939-8535666 |
| 陇南大众旅行社有限公司 | 陇南市武都区盘旋路006号 | 0939-8211296 |

## 2. 主要宾馆酒店

### | 武都区 |

| 名称 | 地址 | 电话 |
|---|---|---|
| 陇南饭店（四星级） | 武都区城关北山东路财政局旁 | 0939-8215321 |
| 金都大酒店（四星级） | 武都区城关长江大道彩虹桥向西 | 0939-8539999 |
| 东润国际大酒店（四星级） | 武都区城关莲湖路莲湖公园西侧 | 0939-8656666 |
| 莲湖大酒店（三星级） | 武都区城关蓝天广场 | 0939-8548888 |
| 金桔饭店（三星级） | 武都区东江新区东江路7号 | 0939-8218884 |
| 辉润大酒店（三星级） | 武都区东江新区陇南火车站对面 | 0939-8569999 |
| 东南国际大酒店（三星级） | 武都区东江新区一号路 | 0939-6911888 |

### | 成县 |

| 名称 | 地址 | 电话 |
|---|---|---|
| 成州国际大酒店（四星级） | 城关河东区陇南大道盘旋路北段 | 0939-3221460 |
| 盛世蓝天大酒店（四星级） | 城关陇南中路中段20号 | 0939-3206666 |
| 宇丰大酒店（四星级） | 城关河东区陇南大道 | 0939-3202618 |
| 金源大酒店（三星级） | 城关支旗路电力大厦对面 | 0939-3718888 |
| 如见文化酒店（三星级） | 陇南华昌电子商务产业孵化园电商大厦 | 0939-5937777 |
| 西狭国际酒店（三星级） | 同谷北路东侧成州中央广场 | 0939-3333333 |

## | 康县 |

| 名称 | 地址 | 电话 |
|---|---|---|
| 康县宾馆（三星级） | 城关中街7号 | 0939-5121212 |
| 阳光春天酒店（三星级） | 城关西街5号 | 0939-5188888 |
| 梅园会议中心（三星级） | 阳坝镇西街 | 0939-5141026 |

## | 宕昌县 |

| 名称 | 地址 | 电话 |
|---|---|---|
| 宕昌新官鹅大酒店(四星级) | 城关镇大桥湾74号 | 0939-6116666 |
| 龙海大酒店（四星级） | 城关新城区小电厂旁 | 0939-6111118 |
| 宕昌满庭芳酒店（三星级） | 岷江大道国土局向下50米 | 0939-5938887 |
| 宕昌昌兴大酒店（三星级） | 南滨河路官鹅桥西行 | 0939-6125666 |

## | 礼县 |

| 名称 | 地址 | 电话 |
|---|---|---|
| 秦都大酒店（四星级） | 城关东大街 | 0939-4488888 |
| 凯莱大酒店（三星级） | 城关东新南路2号 | 0939-4424888 |

## | 徽县 |

| 名称 | 地址 | 电话 |
|---|---|---|
| 金源大酒店（四星级） | 城关环城路4号徽县金源广场 | 0939-7623168 |
| 徽州大酒店（三星级） | 城关金徽大道中段江南城市广场 | 0939-7536688 |
| 欣瑞国际大酒店（三星级） | 城关建新路金徽商业广场 | 0939-7599999 |

## | 两当县 |

| 名称 | 地址 | 电话 |
| --- | --- | --- |
| 国际大酒店（三星级） | 城关广香西路8号 | 0939-7127777 |
| 鸿福大酒店（三星级） | 城关广香西路果老家园小区 | 0939-7128666 |
| 新世纪大酒店（三星级） | 城关显龙北路 | 0939-7124456 |

## | 西和县 |

| 名称 | 地址 | 电话 |
| --- | --- | --- |
| 聚金阁酒店（三星级） | 汉源镇仇池路56号 | 0939-6627198 |
| 聚缘酒店（三星级） | 汉源镇滨河西路西和剧院旁 | 0939-6917888 |
| 大哥大酒店（三星级） | 汉源镇中山路与鼓楼街路口 | 0939-6627888 |
| 西美国际大酒店（三星级） | 汉源镇仇池南路 | 0939-6680000 |

## | 文县 |

| 名称 | 地址 | 电话 |
| --- | --- | --- |
| 新瑞豪廷国际酒店（三星级） | 城关韩家坝大桥旁 | 0939-5588555 |
| 白林宾馆（三星级） | 城关东坝76号 | 0939-5524968 |
| 文县天池游客中心宾馆（三星级） | 天池乡天池村羊汤寨社 | 0939-5722200 |
| 金山大酒店（三星级） | 碧口镇碧峰村 | 0939-5585555 |

# 十三、特色饮食

大凡去过陇南的人，对这里的风味小吃总是赞不绝口。尤其是武都城区，你若循着那扑鼻的香味步入街巷、小吃城时，香味浓郁、物美价廉的各种小吃尽现眼前，令人目不暇接、馋涎欲滴。旅行者吃早点大可不必在宾馆就餐，上街进巷品尝风味小吃，定会使您流连忘返，回味无穷。

陇南地处川甘陕交界地带，为东西民族相融、南北文化交会之地，饮食文化十分丰富，特色饮食、风味小吃种类繁多。在这众多的特色小吃中，武都凉粉可算是最有代表性的。武都凉粉一般泛指早市上的面皮、米皮、凉粉等。武都人一般不在家做早餐，一年四季都在大街小巷的小摊上以凉粉为早餐。当地人早起，相互见面问候的第一句话是“凉粉吃了没有”。

陇南特色饮食、风味小吃主要有牛肉面片、酸菜面片、刀削面、豆花子面、杠子面、棒棒面、热面皮、荞杂面、包谷面节节、扁

夜色中的武都区滨江公园

食、凉粉、豆花子、洋芋搅团、面皮、麻辣粉、荞粉、米皮、荞面叶子、包谷面搅团、玉米面面鱼、核桃饼、锅盔、肉夹馍、埋砂馍、油糕、火烧、洋芋饼、米豆腐、煎饼、酸菜拌汤、面疙瘩、麦仁酒、油面茶、炕包、面茶、油茶麻糖、馓子、甜浆、夹沙肉、烧烤、羊肉泡馍、汤圆等。

### 1. 特色面食

#### | 牛肉面片 |

牛肉面片为武都、成县、康县、文县等地餐馆常见饮食。选用上等小麦面粉，用盐、温水和面，盖上纱布饧 10 分钟左右。然后切成两指宽的条，抻长面条，揪成面片，放

水中煮熟，捞出后配以牛肉臊子，调入油泼辣子、醋、小葱、姜、香菜等，即可食用。面条劲道，汤清面白，香味浓郁。

## | 米皮 |

米皮为武都、成县、康县、文县等地餐馆常见饮食。米皮是近二三十年从陕西汉中地区传到陇南来的一种特色面食。米皮用粳米制作，传统的做法是将粳米浸泡 4—6 小时，磨浆以后蒸制。蒸好的米皮盛入碗后，调以辣椒油和调料水，即可食用。辣椒油是用小茴香、白芷、白寇、山萘等十多种香料调配而成。还有特色的小芹菜和黄豆芽作为配菜。

## | 热面皮 |

热面皮为礼县最具特色的面食。选用上等小麦面粉，用水和成面团，然后放入大盆用水搓洗，使淀粉与面筋分离。蒸时将面

水舀入面皮专用盘内，大火蒸 3 分钟（面筋需蒸约 30 分钟）即熟。食用时将刚出锅的热面皮配少许面筋，调以醋、红油辣椒、盐、芝麻糊、蒜泥、味精等作料即可，爽滑筋道，辣味十足。

## | 豆花面 |

豆花面为武都洛塘、文县碧口、康县南部地区民间家常饮食。面有白面、杂面、荞面等多种，手工擀制，配以豆花、酸菜及多种小菜，并加入洋芋块，豆花白嫩，面条滑爽，清香可口。豆花选用黄豆磨浆点酸水而成水豆腐，然后再用豆浆煮熟，其特点是细嫩软绵。

## | 包谷面节节 |

包谷面节节为武都、康县农村地区特色面食，其做法是：在包谷面中逐渐加进麦面揉擀，将擀好后的面切成一两寸长的面条（短一点的面条就叫“节节”），下进水烧开的锅里，煮熟后的节节，光亮润滑，清香扑鼻。节节要好吃，最重要的就是“菜碟子”味道要好，品种要多。凉拌豆芽、泡菜、浆水菜、土豆丝一年四季都可吃到，随着季节的变化，还可吃到莴苣丝、豇豆、黄瓜、洋葱、韭菜、西葫芦、芹菜、白菜丝、萝卜丝、茄子丝、小葱等，你喜欢吃什么就夹什么，喜欢吃多少就夹多少，吃了不够再夹，厚道的主人从不多言。

## 杠子面

杠子面为西和县特色面食。杠子面的独特之处在于擀面，做法是和面时不断掺入干面粉，擀面时用一根胳膊粗的木杠子压面。杠子的一头固定在墙上，人骑在另一头来压，一边压一边移动，让面团受力均匀。一两个小时后，面团便可以揉拉成一根根银丝一样纤细的面条，杠子面由此得名。配料为蒜苗、韭菜。杠子面爽口弹牙，韧性十足，风味独特，是当地人每天必不可少的早餐。

## 空心挂面

空心挂面历史悠久，最早起源于明朝初期成县西片的小川、索池、沙坝等地，至今已有600多年的历史，手工制作，世代相传，久盛不衰。空心挂面是制作工序最为复杂、耗时最长的传统美食之一。有和面、开条、盘条、发酵、抻条、上竹、扑粉、晒面等18道纯手工工序。它的特点是下锅就熟，汤面分明。因其特殊的空心特点，面条很容易入味。在物资匮乏的年代，人们极少食用细粮，用挂面招待客人是一种很高的礼仪。

在陇南的康县、徽县一带，有不少乡村也制作手工

空心挂面。

### 洋芋丸子

西和洋芋丸子制作工艺简单，味美可口。其做法是将干净的洋芋磨成糊，加拌适量的面粉、白矾、食盐、调料，然后捏成丸子放在蒸笼中，蒸熟后盛入碗碟，调入食醋、酱油、辣椒、蒜泥做成的汤汁，即可食用。也可入油锅炸熟，可烩菜，也可单独食用。

### 棒棒面

棒棒面为徽县特色面食。棒棒面制作工艺独到，选上等精粉，和成软硬适中的面团，搓成一尺左右长的粗条，拉成条状下锅煮熟，捞出后浇配小葱、蒜苗、辣子、豆腐丁等，即可食用。徽县江洛镇棒棒面最具特色，江洛豆腐外皮微黄，细而硬，耐嚼可口，口感独特。

### 麻食

麻食为武都、成县、徽县、康县等地民间日常饮食。麻食也叫麻什、麻食子、猫耳朵，其历史可以追溯到元代，当时叫秃秃麻食。将面粉和成面团，每次掐一小点，用大拇指搓片后卷成一

个个小海螺状，煮熟捞入碗中，浇上臊子，调入蒜苗、辣子等即可食用。有炒麻食、烩麻食等多种食用方式。

## | 核桃饼 |

核桃饼，为武都、文县等地特色饮食。用发酵面和面，做成大小适中的面剂子。将面剂子拉长，选用上等核桃仁，剁碎铺在面饼上，再卷成陀螺状后压平。整体呈圆形或椭圆形，大小不等。面饼上再撒花椒粉、食盐等，放入炉中烤熟即成。核桃饼色泽金黄、松脆酥香、外焦里嫩十分可口。

## | 酥油饼 |

酥油饼又称礼县猪油饼。先把发酵好的面揉成面团，再把猪油、面粉、盐、生姜、肉桂、小茴香、草果调配的“油面”，以及清油、葱丝，分多次揉进面团里，做成饼状。烤好的猪油饼呈黄褐色，外焦里嫩，香味浓烈，独具风味。

### 丨西和锅盔丨

西和锅盔久负盛名。其做法是，选用当地优质麦粉，用木杆和面，然后放入专用烙锅，上下两面均匀加热，慢火烘烤而成。西和锅盔呈圆形，直径尺许，厚一寸许，外表金黄，切口砂白，外皮筋道耐嚼，内瓤酥软虚膨，久存不馊，便于携带。

### 丨哈达铺穹锅丨

哈达铺穹锅又名红军锅盔，制作历史悠久，花样繁多，状如头盔，故名锅盔，也称穹锅。用特制火炉烤制而成，底平面突，皮黄如杏，瓣白如雪，形如蘑菇，食之香酥，清香可口，回味悠长。穹锅是当年哈达铺人民献给长征红军的食品。后来，哈达铺人民将锅盔的外观改成由八个瓣组成，象征红军的八角帽，名字也改为红军锅盔，以资纪念。

### 丨洋芋擦擦丨

哈达铺洋芋擦擦的制作工序很复杂：将新鲜洋芋用擦子擦成糊状，沥干水分后加入作料拌匀，锅中放入植物油，煎

成厚薄适中的洋芋粉饼，再将粉饼切成小块，放入葱、姜、蒜、青椒丝等，翻炒出锅，便成就了一份美味的炒洋芋擦擦，软糯弹牙，香气四溢。

### | 馓子 |

馓子也叫盘馓，为武都、成县等地的精美食品。将用花椒水、熟油、蛋清等和好的面搓成细条，放油锅里煎炸，使其形状呈大半圆状，炸至金黄色时捞出，摆放在盘内，围摆成多层圆柱形，形状美观、色泽黄亮、酥脆爽口。在节日和喜庆日子，穆斯林必做馓子招待客人，并馈赠亲戚、邻里。

### | 肉夹馍 |

肉夹馍是用烙饼夹卤肉的一种面食。选择精制面粉，发酵后揉成面饼，烙成饼。肉为卤制的肉，以肋条肉、五花肉为最佳。将肉切成碎末状夹入馍内，灌注少许卤汤，柔软可口，肥而不腻，味美醇香，老少皆宜。肉夹馍的卤肉配料采用多种原料，其中的汤则为陈年老汤。武都、成县等地都有制作。

## 2. 风味小吃

### | 武都凉粉 |

武都凉粉为武都、康县、文县、成县等地特色小吃。武都凉粉一般泛指早市上的面皮、米皮、凉粉等风味小吃。武都面皮风味较为独特，有薄、厚两种，薄的称面皮，厚的称酿皮。做法是将面粉搅入水中，搅成稀糊状，上笼蒸熟者为面皮；将面团放入清水中反复搓洗，分出面筋、淀粉，上笼蒸熟者为酿皮。调入草果、山萘等调料炝煮的醋及盐、油泼大蒜、油泼辣椒即可食用。凉粉原料不一，有荞粉、豆粉、藕粉之分。做法各地差不多，吃法同面皮。

### | 洋芋搅团 |

洋芋搅团也叫洋芋糍粑，为武都地区民间家常饮食，俗谚“要得吃好饭，洋芋砸搅团”。洋芋搅团是用当地高山区产的洋芋精

制而成。做洋芋搅团要花些工夫，须经过洗、煮、剥、晾、打、调六道工序。洋芋上锅煮熟，去皮后晾凉，再放入木槽中，由精壮男子用木槌砸捣成黏团状即可。分热食、冷食两种食用法。热食，放入酸菜浆水中略煮，连同酸菜

浆水盛碗后，调以盐、油泼辣子即食；冷食，盛入碗中，浇上炝煮过的醋，调入油泼蒜和辣子即食，口感滑润，麻辣清香。洋芋搅团为陇南最有特色的地方饮食。

砸洋芋搅团需要技术，也是一件力气活

### | 豆花子 |

豆花子为武都、康县、文县等地的特色饮食，以武都豆花子口感最佳。豆花子属黄豆制品，前期与制作豆腐相仿。豆花子比豆腐脑硬，比豆腐松软。豆花子边煮边卖，盛入碗后，调以花椒粉、胡椒粉、姜粉、虾皮、藕粉等制作的汤汁，趁热食用，辛辣清香。

### | 酸菜 |

酸菜为武都、成县、康县、文县等地民间家常传统美食。采用圆根菜、卷心菜、芹菜、野生苦苣菜、野生高钙菜等蔬菜杂以香菜，切碎用沸水略煮，再用清水淘洗后放入缸

等容器，拌入浆水，覆盖发酵后呈酸味的一种农家普通菜肴，脆而味酸。做汤时把酸菜炒一下，加葱丝或野生韭菜花。还可以加面粉做成酸菜拌汤。近年来，以圆根菜为主料做成的武都“圆根香”酸菜已从普通农家走进超市，成为陇南的一张地方名片。圆根菜属芥菜一类之变种，叶形似芥菜叶或萝卜叶，呈锯齿形分裂，根茎膨大成扁球状，味辛辣、略甜。

### | 油茶麻花 |

油茶麻花为武都、成县等地特色饮食。以小麦面粉和杏仁或油炸豆腐干，加花椒粉等调味料，用清油炒熟熬成汤，即为油茶。把两三股条状的面拧在一起，用油炸熟即为麻花。将麻花泡在油茶里，待到绵软后再食。

### | 糖油糕 |

糖油糕的制作方法是：白砂糖加橘皮搅拌成馅，将馅包入发酵后的面团，压扁，入油锅煎制，待表皮焦黄即可出锅。糖油糕酥松香甜，味美可口，童叟皆宜，为成县百年传统小吃。

### 米豆腐

米豆腐为文县特色地方小吃，碧口米豆腐口感最佳。制作米豆腐主要原料有玉米、魔芋。把玉米淘洗浸泡后加水磨成米浆，然后加碱熬制，冷却，形成块状“豆腐”。食用时切成小块放入凉水中再捞出，浇上汤汁，撒上大头菜、盐菜、酥黄豆、酥花生等即可。

### 漏鱼

漏鱼为武都、成县等地的特色饮食。漏鱼并非鱼或是跟鱼有关的食物，而是用玉米面、绿豆淀粉等制成的一种食品，因其形状像小鱼而得名。漏鱼的做法是将玉米面或绿豆淀粉加水调成面糊，将面糊倒入沸水中煮熟。通过漏瓢将煮熟的面糊漏到盛有凉水的盆内，制成面鱼。食用时用漏勺将面鱼捞出盛在碗里，加入醋、盐、辣椒油、花椒油或香油，以及葱末或酸菜等配菜即可，味道鲜美，爽滑可口。

### 3. 其他饮食

#### | 罐罐茶 |

罐罐茶为西和县、礼县等地的特色饮食。罐罐茶又叫油炒茶、炒青茶或清茶。其做法是先将茶罐在火塘上烘热，加一勺油，将核桃仁捣碎放入罐内，再移到火塘上烧热，加入毛尖茶叶和少量食盐翻炒，待发出浓郁的茶香，加入水煮沸后，斟入茶盅即可饮用。边饮罐罐茶，边食干脆香酥的砂嵌烧饼（又名麻烧饼），是西和人每天早上的首选早点。

#### | 油面茶 |

油面茶市内各区县均有，且做法不一，尤以康县北部最具特色，当地群众一年四季早餐一般都喝油面茶。其做法是以本地产的大叶绿茶和白面上火同炒，将炒熟的面粉加水煮沸，调以薄荷、藿香等香料，加上大叶绿茶，盛碗后再调以炒熟的核桃面、鸡蛋丁、豆腐丁、洋芋丁等，或名“三层楼”。香气浓，口感好。

## 咂杆酒

咂杆酒亦称罐罐酒，俗称泡水酒、咂酒，为宕昌、武都、文县、康县等地农村的一种别具风味的水酒。甘肃省非物质文化遗产咂杆酒是用青稞、高粱、大麦、小麦、燕麦等多种粮食按一定比例混合酿造而成的纯粮食酒。酿造方法简单，酒精度较低，20 度左右。将煮好的酒醅发酵后装缸密封数月，饮用时挖出酒醅装入陶罐，加水后煨于火塘边煮沸，饮者持一根二尺来长的“咂杆”（竹管或铜管）插入罐中吸饮。在热情好客的白马人家里，咂杆酒便是接待尊贵宾客的常用之饮，无歌无酒不成礼仪。相传白马人酿酒的酒曲是盘瓠爷所传，至今已有三千多年的历史。

## 二脑壳酒

二脑壳酒也叫酩馏酒，即经过发酵以后的谷类再蒸馏一下。主产于宕昌县、武都区、康县、文县等农村地区。酒醅发酵后，直接蒸馏，淋出酒液，酒精度略高于咂杆酒，低于普通白酒，约在 30 度—40 度。纯粮酿造，酒味清淡，

爽口宜人，但后劲较大，多饮易醉。二脑壳酒物美价廉，农村地区群众婚丧嫁娶时，多以“二脑壳”招待宾客。

### | 黄酒 |

陇南黄酒历史悠久，主产于康县、武都区、文县、成县一带。其做法是将小麦、包谷、高粱、大麦、糜谷等多种粮食煮熟后，拌上黄酒曲子装入缸中发酵，酒精度约在20度—25度之间，醇和浓郁、香气四溢。有的加入中草药制成保健酒，健脾强胃、活血润肺、发汗解表、除湿顺气。

## 十四、地方产品

陇南市高山峡谷纵横，高原盆地交错，独特的地理气候条件使得陇南成为物产丰富之地，盛产黑木耳、银耳、羊肚菌、猴头菌、蕨菜等山珍，大黄、党参、半夏、红芪、天麻、黄连等中药材，苹果、无花果、狼牙蜜、柑橘、猕猴桃、核桃、板栗等水果和干果。特别是油橄榄、茶叶、柑橘等，陇南在甘肃省内都是唯一产地。

### 1. 林木产品

#### | 花椒 |

陇南花椒以其色泽丹红、粒大油重、芳香浓郁等品质而享誉全国

陇南花椒栽植历史悠久，北魏末年农学家贾思勰的农学著作《齐民要术》中记载：“《范子计然》曰：‘蜀椒出武都，秦椒出天水。’”陇南花椒按采摘时间分为大红袍、二红椒、八月椒和狗椒，尤以光照充足的武都、宕昌、文县的白龙江沿岸和北峪河沿岸砂石地所产大红袍花椒质量最好。武都区花椒在全国县区中种植面积第一，质量第一，产量第一。2000 年，武都区被国家林业局首批命名为“中国名特优经济林花椒之乡”，是国家地理标志保护产品。

#### | 茶叶 |

陇南是我国最北部的茶叶主产区。文县碧口、康县阳坝、武都裕河等地，自然环境特殊。这里峰峦起伏，灌木茂密，雨量充沛，常年云雾缭绕，宜茶面积较广。

康县阳坝茶园。阳坝昼夜温差大，环境无污染，土质、气候、环境等均有利于茶树生长

这里所产的茶叶茶芽鲜嫩、条索紧细、色泽绿润、清香爽口、经久耐泡，是我国少有的高海拔、高纬度的茶区。生产绿茶、红茶、乌龙茶三大类茶叶，有龙井、铁观音、碧螺春、金骏眉等多个品种和银毫、雀舌、秀眉、毛尖等多个品级。文县绿茶、康县龙神茶获国家地理标志保护产品认证。

## | 油橄榄 |

油橄榄从地中海沿岸引进，木本食用油料树种，因果实像橄榄，故名油橄榄，陇南以其独特的气候、土壤条件被列为油橄榄一级适生区

油橄榄又称齐墩果、洋橄榄、阿列布，是世界著名的木本食用油料树种，主产区在地中海沿岸。1975 年从阿尔巴尼亚引种并栽培成功，主要种植在武都区，文县白龙江、白水江沿岸的干热河谷地带。中国科学院确定白龙江沿岸海拔 1300 米以下的河谷和半山地带为全国油橄榄种植最佳适宜区。1998 年《世界油橄榄分布图》上标注中国陇南地区以其独特的气候、土壤条件被列为油橄榄一级适生区。

陇南市油橄榄种植面积占全国的 53%，生产初榨橄榄油占到全国产量的 90%。武都区橄榄油被列入国家地理标志保护产品。

## 核桃

陇南是全国核桃重点产区之一，康县、成县是中国核桃之乡

核桃又名胡桃、羌桃，源自西亚地区，是一种木本油料。陇南核桃皮薄个大、肉质饱满、白嫩清香、出油率高、营养丰富。

陇南是全国核桃重点产区之一，栽植历史悠久，分布广泛，以成县、康县、两当县为主产区，全市核桃种植面积达到300多万亩，占全国核桃种植面积的10%。成县小川核桃营销中心是中国西部最大的核桃交易集散地。

## 苹果

陇南苹果广泛分布于除宕昌县以外的其余八县区，以礼县、西和县产量最多，质量最优。陇南被列为甘肃省苹果主要生产基地，礼县还被确定为全国32个优质苹果生产基地之一，并获国家地理标志保护产品认证和绿色无公害农产品认证。

礼县花牛苹果色泽鲜艳，果形美观，个大皮薄，细密松脆，香气浓郁，与美国蛇果、日本富士并称为世界三大苹果品牌

## | 八盘梨 |

八盘梨因其形状扁圆如盘，可收藏到冬季食用，故又名“冬八盘”

八盘梨是礼县、西和县优良梨种之一，因其形状扁圆如盘，农历八九月成熟且可收藏到冬季食用，故又名“冬八盘”。生产历史悠久，在明嘉靖年间就开始大量栽培。因其成熟后色泽鲜艳，底色淡黄，果面有红晕，肉质细脆嫩白，汁液多，含糖量高，酸甜可口，耐贮藏，深受消费者的喜爱。

八盘梨主要产于礼县城关、永兴镇和西和县西峪镇上坪、白雀、乔堡等村，与冬果梨、软儿梨、苹果梨、酥木梨、猪头梨、齐梨、长把梨同列为“陇上八梨”。

## | 黑木耳 |

黑木耳，以康县黑木耳最为著名，是全国黑木耳生产基地县之一

黑木耳是木耳科真菌的子实体，生长于青杠、柞、橡、栗、榆、槐等坚质树木上，是木材腐朽过程中所产生的一种菌类植物。因其呈黑褐色，形如人耳，因而得名，又名云耳、木蛾。黑木耳在康县、文县、武都、两

当县、成县均有出产，尤以康县黑木耳最为著名，是全国黑木耳生产基地之一，并获甘肃省优质产品证书和第一届“丝绸之路节”金奖，是国家地理标志保护产品。

生产黑木耳的“耳棒”

## | 银耳 |

银耳也称白木耳、白耳子，因其附木而生，形似人耳，色泽银白，故得名银耳。银耳是高级滋补品，被誉为“菌中之冠”。银耳性平味甘，具有滋阴润肺、益气活血之功效。陇南银耳主要生长于康县、文县、武都、两当等地，特别是康县银耳以形美、质厚、色白和营养丰富而闻名。近年来由于人工栽培银耳技术的成熟，银耳的产量得到了很大的提升。

银耳也称白木耳，因其附木而生，形似人耳，色泽银白，故得名银耳

陇南板栗多为野生，主要分布在康县、两当县、文县山区地带

## | 板栗 |

板栗又称栗子、毛栗子。陇南板栗多为野生，主要分布在康

县、两当、武都、文县、徽县的山区地带，主产区为康县、两当县、文县。近年来，陇南大力开展以高接换优为主的品种改良，引进推广唐山大板栗、昆明栗、燕红栗等8个优良品种，果大皮薄，外形美观，肉厚味浓，含糖量高，容易剥皮，板栗品质有了明显的提升。

### | 刺龙芽 |

刺龙芽当地人称木龙头、乌龙头，是袍木嫩茎，属五加科，多年生落叶灌木。嫩茎叶可作蔬菜食用，风味清香独特，味美可口，营养丰富，在国内一些大城市及日本、韩国被视为高档蔬菜。野生刺龙芽在长期的自然进化中形成了高抗病虫害及耐瘠薄的生存能力，可以不用化肥农药进行人工栽培，是难得的天然绿色食品。乌龙头树根茎可入药，其味甘苦性平，有健胃利便、活血止痛等功效，主要分布于宕昌、康县、徽县、礼县、成县等地。

刺龙芽当地人称木龙头、乌龙头，嫩茎叶可作蔬菜食用，风味清香独特

### | 柿饼 |

陇南柿子主要分布于徽县、成县、康县、武都、文县、

文县贾昌馍馍柿饼

宕昌等六县区，主要有磨盘柿、中心柿、馍馍柿、四棱柿、尖尖柿、扁柿、社降黄、火柿等八个品种，尤以文县贾昌馍馍柿最为出名。

文县贾昌馍馍柿饼致密多汁、含糖量高、纤维少、皮薄肉足、果体硕大，单粒重可达 300 克，适宜于晾晒柿饼，做成的柿饼单重可达 125 克以上。馍馍柿饼外表泛红透亮，柿霜洁白，饼肉色泽棕黄，晶莹柔润，甜美可口，色味俱佳，放入杯中可直接用开水冲化。

## | 银杏 |

银杏果。徽县银杏是国家地理标志保护产品

银杏树也叫白果树，因其果实白色而得名。果仁可食用，但因其有微量毒素，不可多食。银杏在陇南各县均有生长，主产地在徽县、康县、成县、两当县等地。徽县银杏是国家地理标志保护产品。

陇南各地保存着不少千年以上树龄的古银杏树。徽县的嘉陵、高桥、榆树，康县的王坝、大堡都有不少古银杏树，树冠高大，树围需几人合抱，成为当地的一道美丽风景。

## | 无花果 |

无花果为桑科落叶乔木，全株含白色汁液，花隐于囊状总花托内，外观只见果不见花，故名无花果。人们所食用的是由花托发育膨大的肉果。

无花果是世界上最古老的栽培果树之一，经济价值较高，果实可以加工制作果酱、果脯、罐头、果汁、蜜饯等，是无公害的绿色食品

无花果原产于亚洲西南，在新疆南部地区栽植较多。陇南是甘肃唯一的无花果产地，主要分布于武都、文县的白龙江和白水江沿岸的十多个乡镇。无花果呈扁圆形或卵形，成熟后顶端开裂，表皮黄白色或紫褐色，肉质洁白嫩软，味美多汁，营养十分丰富。无花果可以鲜吃，也可制成蜜饯、果酱、果干和罐头。

### | 樱桃 |

樱桃是北方果树中成熟最早的水果，称为“百果之先”。陇南是甘肃重要的樱桃产区，武都区的城郊、两水、汉王，康县的平洛、云台，成县的小川、纸坊，文县的城关、碧口等地均有出产。陇南樱桃以武都城郊石家庄红樱桃声誉最高，所产樱桃个大皮薄、肉厚核小、汁多味甜，是樱桃中的上品。

武都城关石家庄樱桃栽培历史悠久，其果实色如玛瑙，晶莹剔透，皮薄汁多，香甜可口，先于百果成熟，四月下旬就开始上市销售了

文县党参药用其根，又被称为纹党

文县中寨镇纹党种植面积和产量居全县各乡镇之首，已成立纹党种植农民专业合作社 38 个，有效带动了贫困群众增收

## 2. 名贵药材

### | 党参 |

陇南党参主产于文县，所产党参品质极佳，因其“蚕头蛇尾，肉实纹细”，横切断面呈现为独特的菊花纹，又被称为纹党，以与其他产地的党参相区别。纹党根条肥大，肉质饱满，芳香味甜，气味纯正，药效显著，具有油性大、粉性足、无渣滓的特点，在各地所产党参中居于上乘，为国家地理标志保护产品。

### | 当归 |

当归为大宗栽培药材，岷县、宕昌出产最佳，被世人称为“岷归”，移栽外地则药性大减。药用根部，当归身补血，当归尾活血。当归早在 1400 年前就是名贵的贡品。南朝梁天监四年（505 年），宕昌国王梁弥博向南梁梁武帝萧衍进贡的贡品就是当归。

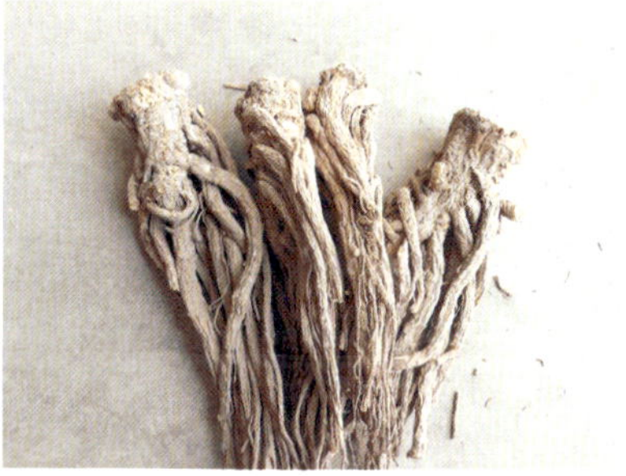

当归药用其根。根略呈圆柱形，根上端称“归头”，主根称“归身”，支根称“归尾”，全体称“全归”。全归补血活血

当归植株

## | 红芪 |

红芪植株

陇南红芪，药用根部，因其根外表皮呈红棕色，故称作红芪

红芪，多年生草本植物，是黄芪的一种，因其外表皮呈红棕色，故称作红芪，质量优于黄芪，药用根部，当地俗称马鞭根、独根、绵芪。红芪主产于武都、宕昌，西和县、礼县也有栽培。陇南红芪以武都米仓山一带和宕昌将台一带为中心产区，尤以米仓红芪为佳，是陇南道地中

药材之一，也是著名的优质品种和传统特产，是国家地理标志保护产品。

### | 大黄 |

大黄学名掌叶大黄，药用根部，主产于礼县、宕昌县、武都区，其他各县也有分布，以其集中产区礼县铨水而命名为铨水大黄，是国家地理标志保护产品。

大黄植株

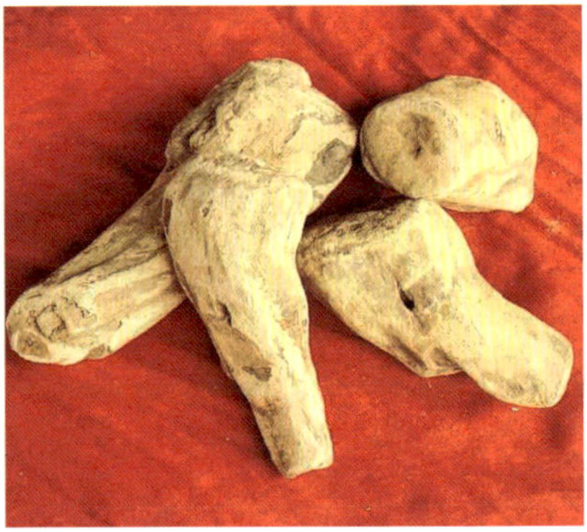

大黄药用根部，主要功效是泻热通便，对于肠实热积滞、大便秘结、腹部胀满等疾病具有很好的效果

### | 天麻 |

天麻为兰科多年生寄生草本植物，也称“赤箭”，因其茎秆无叶直立如箭，呈赤黄色而得名。天麻药用根部，过去一直依赖野生，因其对环境、气候要求苛刻，故产量稀少，十分名贵，被认为是天赐神草，故名“天麻”。临床多用于头痛眩晕、肢体麻木、小儿惊风、癫痫、抽搐、破伤风等症。

陇南天麻以其肉厚块大、色泽鲜亮、呈半透明、质地优良而驰名国内外，特别是康县南部所产天麻品质最优。

天麻药用根部，过去一直依赖野生资源，产量稀少

## | 杜仲 |

杜仲别名丝楝树皮、丝棉皮、棉树皮、胶树，主要药用其树皮。喜阳光，耐寒，分布较广，在陇南除宕昌县外，其余八县均有生长。陇南杜仲皮厚而张大，断面白丝多，以品质优良而久负盛名。

杜仲味微辛，性温，有降血压、舒筋骨、补肝肾、安胎之功效。杜仲全身是宝，树皮、树叶和果实所含的杜仲胶，是良好的绝缘材料。木材纹细光滑，是理想的家具和建筑材料。

杜仲树喜阳光，耐寒，分布较广，在陇南除宕昌县外，其余 8 县均有生长

**| 半夏 |**

西和县所产半夏颗粒大、形态好、颜色白，质量最好，产量最大

半夏主治咳喘痰多、呕吐反胃、胸脘痞满、头痛眩晕、夜卧不安、瘿瘤痰核等症。主产于西和、礼县、武都区、文县等地，其他县也有栽培。以西和县所产半夏颗粒大、形态好、颜色白，质量最好，产量最大，是陇南市近年来出口的主要品种。西和县被认定为“半夏之乡”，是国家地理标志保护产品。

### 3. 酒类产品

**| 金徽酒 |**

金徽酒，原名徽县大曲，是金徽酒厂的名牌产品。据记载，清道光年间，徽县伏家镇的酿酒业就已很发达，有酒坊十数家。金徽酒是国内建厂最早的中华老字号白酒酿造企业之一，产品具有“生态酿造、低温甜润”的特有品质和“只有窖香、没有泥味”的典型风格。

金徽酒历史悠久，早在清道光年间，徽县伏家镇的酿酒业就已很发达，有酒坊十数家

**| 红川酒 |**

红川酒产于成县红川镇的甘肃红川酒业有限公司，是甘肃的传统优质白酒。明代就有人在红川酿造烧酒，当时红川写作横川，所酿的酒遂以“横川烧酒”“横川大曲”命名，广销于陕、甘、川诸省。红川酒酒性和缓、绵长柔和、醇厚圆润、香味谐调，先后荣获中华老字号企业，国家地理标志保护产品。

### 4. 工艺产品

**| 两当陶瓷 |**

两当县陶瓷厂生产的陶瓷产品

两当陶瓷主产于两当县西坡乡陶瓷厂。两当陶瓷主要有民用陶瓷、建筑陶瓷、工艺陶瓷、紫砂陶、粗陶等，产品有彩色釉面砖、墙地砖、琉璃瓦、泡菜坛、龙喜坛、花盆、电火锅，以及盆、碗、壶、罐、缸等日用陶瓷，还有各种工艺摆件等，千姿百态、色彩斑斓、造型优美、各具特色。

**| 西和剪纸 |**

西和县民间艺人剪纸用料大多是普通七色纸或有光七色纸两种，单纯大方，别具一格。西和剪纸粗犷朴拙、线条流畅、形象生动，内容取材大多是农村喜闻乐见的花鸟鱼虫、蔬菜果木、戏

西和民间艺人剪纸作品

曲人物、民间故事、民俗风物。西和剪纸主要流行在县城、石堡、苏合、上下寨子、西峪上下坪等地区，婚庆嫁娶，节日假日，新房装饰皆可用到。

## | 泥阳泥塑 |

徽县泥阳泥塑制作以泥阳所产黄土调和成泥做坯料，经创作毛稿、制模、翻模、黏合成型，再精抛、彩绘、出线、上光，然后进行烧制。泥阳泥塑主要以花鸟鱼虫、祥鸟瑞兽为主要造型，具有浓郁的乡土气息，其代表作有“胖娃”“鸡咕咕”“黑狗哨”等。造型生动可爱，色彩亮丽，大红大绿，线条流畅，简练概括，寓意着赐福降祥、增福送喜、保家平安，深受群众的喜爱。

徽县民间艺人泥阳泥塑作品

### 5. 其他产品

**| 武都崖蜜 |**

武都崖蜜采自深山老林，散发着特有的蜜香，无杂质无异味，蜜味浓郁，甜而不腻，香味持续长久

2015 年，一部《芈月传》红遍全国，剧中王后指定专用“武都崖蜜”，武都崖蜜从此广为人知。所谓崖蜜，顾名思义，是指蜜蜂自行在深山悬崖峭壁上筑巢酿成的蜜，远离人烟，不受污染，所以古人对崖蜜评价很高。崖蜜亦称“石蜜”，系纯正土蜂蜜。《本草纲目》记载，“上蜜出氐，羌中最胜”，武都崖蜜已有数千年的历史。崖蜜色泽洁白，口味醇厚，清香爽口，是集营养、药用、保健为一体的天然佳品，也是一种无污染的绿色食品。武都崖蜜已成为国家地理标志保护产品。

**| 狼牙蜜 |**

狼牙蜜因蜜蜂采集狼牙刺花而得名。色泽呈浅琥珀色，结晶粒十分细腻，蜜液透明，口感甜润，有狼牙刺花特有的香气

狼牙蜜因蜜源是狼牙刺花而得名，是蜂蜜中的上品，为两当县特产。狼牙刺是一种野生小灌木。狼牙蜜品质纯净、气

味浓香、色泽清亮、结晶细腻，呈浅琥珀色，具有狼牙刺花特有的香味。两当县所产狼牙蜜是国家地理标志保护产品。

### | 魔芋 |

魔芋，又作磨芋，天南星科磨芋，属多年生草本植物，古代又称妖芋。

魔芋制品作为联合国认定的十大健康食品之一，营养十分丰富，含有多种维生素和钾、磷、硒等矿物质元素，以及大量甘露糖苷、植物纤维，且热量极低，饱腹感强，更重要的是富含多糖，具有奇特的保健作用和医疗效果。康县、文县、武都区南部山区日照较少，雨量丰富，湿度较大，是魔芋栽培的最适宜区。

魔芋用途广泛，食用历史悠久，不仅营养价值高，味道鲜美，口感宜人，而且有减肥健身等功效，近年来风靡全球

第四单元

# 一路芬芳 写不尽的风流

鎏金铜棺饰

汉代，国家一级文物。成县城关石碑村出土。直径27.5厘米，圆片形，中孔，表面鎏金、银并满錾图案。圆孔下方为西王母头戴笼冠，两肩出翼，盘膝端坐。两侧双层重檐的高大阙楼，上下贯通，气势宏伟。阙楼两侧为飞龙和凤鸟，两阙檐间出一人字形拱，拱下书『天门』二字。拱上饰鸟、兽相交图案。棺饰边沿及图案空隙处饰灵芝、云气等祥瑞纹饰。现藏成县博物馆。

陇南自然景观和人文景观交相辉映，有着得天独厚的旅游资源，为旅游业的开发发展提供了良好的条件。

武都东南的万象洞，是西北地区规模最大的石灰岩溶洞，洞内万象森列，奇幻绚美，犹如仙境，堪与七星岩、芦笛岩媲美，早在两宋时期就成为游览胜地；宕昌县官鹅沟国家森林公园集森林景观、草原景观、地貌景观、水体景观、天象景观等自然景观和人文景观于一体，湖泊如珠，峡谷如线，瀑布如织，生态环境优美，自然景观奇特；文县北部的洋汤天池，碧波粼粼，清爽宜人，是罕见的高山湖泊；康县南部的阳坝梅园沟，飞瀑流泉，奇花异草，人称“小九寨”；成县鸡峰山，奇峰峭立，瑰丽多姿；徽县的三滩，如锦似绣，神秘诱人。

著名的人文景观如礼县大堡子山秦西垂陵园是20世纪末中国十大考古发现之一，出土的大量铸有铭文的青铜器足以证明，这里就是秦人发祥之地，堪称“秦人故里”；成县《西狭颂》摩崖石刻，以方正、雄浑的汉隶真迹而成为蜚声中外的书法瑰宝；成县东南凤凰山下的杜公祠，始建于北宋，是全国纪念“诗圣”杜甫最早的祠堂之一；礼县西北的祁山堡，是三国时期诸葛亮“六出祁山”之地，至今残垣仍存，古垒依旧；西和县南部的仇池山三面临水，崖壁陡峭，是南北朝时期氐族政权仇池国的军事基地。另外，宕昌县的哈达铺红军长征纪念馆，两当县的两当兵变旧址、张果老洞，文县的阴平古道等也已成为旅游亮点。

# 十五、北国江南武都区

唐景福元年（892 年），取原武阶郡之“阶”字设阶州，州治将利县兰皋镇（即今康县大南峪乡）。后唐清泰元年（934 年），

陇南市区全景图。陇南市政府现驻武都区城关，是陇南市经济、政治、文化、交通的中心

阶州州治由兰皋镇移福津县（今武都区桔柑乡大岸庙村）。北宋雍熙三年（986 年），迁阶州州治于福津县坻龙岗（今武都区城关旧城山）。清雍正七年（1729 年），升阶州为直隶州。民国二年（1913 年），改阶州直隶州为武都县。2004 年 6 月，改为陇南市武都区。陇南市政府现驻武都区城关，是陇南市经济、政治、文化、交通的中心。

### | 万象洞 |

地址：武都区汉王镇杨庞村半山腰间，距陇南市区 12 千米。

到达方式：武罐高速汉王出口或 212 国道到汉王镇将军石上山，市区乘坐 9 路、12 路公交车到汉王桥、油橄榄示范园站点，也可自驾或乘坐出租车。

开放时间：8：30—17：30。

门票价格：100 元。

国家 AAAA 级旅游景区。万象洞位于陇南市武都区汉王镇杨庞村白龙江南岸露骨山半山腰。该洞是我国西北地区发现的最大的溶洞，享有“华夏北方第一洞”的盛誉，其规模之宏大、艺术价值之高，可与举世闻名的桂林芦笛岩、肇庆七星岩

万象洞是我国西北地区发现的最大的溶洞，享有“华夏北方第一洞”的盛誉，是名副其实的“地质博物馆”

2007 年 6 月，万象洞主洞旁又发现一处新洞，正处于溶洞初步发育阶段，具有很高的科研价值

相媲美。现为甘肃省重点文物保护单位，省级地质公园。

万象洞为喀斯特地貌巨型天然溶洞，因其洞内钟乳石成型奇特，万象森列，故名“万象洞”。洞内现已开发的景区有 11 个，4.5 千米，36 万平方米，安装了彩灯的有 3.5 千米。洞内道路蜿蜒曲折，大处高轩宏敞，可达数十米，窄处仅容一人通过，石乳、石笋、石柱、石幔、石花千姿百态，又有灯光辅助，景色奇幻迷人，是名副其实的“地质博物馆”。

万象洞作为游览胜地，历史十分悠久。早在一千多年前，北周出巡大臣武定公贺娄慈游览此地时，曾在洞中留有题记。此后，历朝历代都有文人墨客在此题记，有宋、元、明、清碑刻、题记

2007 年，万象洞主洞旁又发现另一姊妹洞

100 多方，号称“地下文化长廊”。

2007 年，在主洞洞口旁又新发现另一姊妹洞，洞内景致更为原始、更为瑰丽，石钟乳还正在发育中，是溶洞中的“襁褓形态”，国内罕见。

## | 福津广严院 |

地址：武都区三河乡柏林村，距陇南市区 35 千米。

到达方式：长途客车、自驾或乘坐出租车。

开放时间：全天开放。

门票价格：免费。

福津广严院又名柏林寺。北依龙拽山，南临福津河。广严院始建于北宋初年，曾几次被毁，又几次重建。广严院坐北朝南，原有前后两院，房屋 86 间，后因失火，后殿及经堂被焚。现仅存前殿、僧房、山门，共有房屋 16 间。

现存前殿为南宋乾道九年（1173 年）建筑，距今已 800 多年，保存基本完好，面阔 5 间，进深 4 间，柱子较粗，柱础刻有石榴、莲花，四角柱斗拱为双抄双下昂，是典型的宋代建筑，为西北地区现存最早的木结构建筑之一，被列为全国重点文物保护单位。

武都区三河乡柏林村福津广严院前殿，是典型的宋代建筑风格，为西北地区现存最早的木结构建筑之一

### | 朝阳洞 |

地址：武都区角弓镇陈家坝村，距陇南市区 35 千米。

到达方式：渭武高速两水出口或 212 国道到角弓镇陈家坝村，长途客车、自驾或乘坐出租车。

开放时间：8：30—18：00。

门票价格：20 元。

国家 AAA 级旅游景区。朝阳洞位于角弓镇陈家坝仙人崖半山腰间，相传开凿于唐代，因该洞坐西向东，每当朝阳初升，有阳光射入洞内，故名。又因明代成化十六年（1480 年）有一老禅“卧化”于洞中，“木乃伊”至今仍存，故此洞又称为“朝阳仙洞”。洞门左侧石崖上嵌有明成化十六年所刻的《明故大禅

朝阳洞

知端竹大士省告脱化碑记》，记载了该僧家世及其出家、入禅、脱化、徒众凭吊始末。

朝阳洞洞口高3米，宽2米，前有斗拱飞檐的崖前建筑。进洞后蜿蜒上行，时宽时窄，石窟塑像分布其间。洞前有古青杨树二株，据传为明代古木，枝叶繁茂，荫蔽数里。

朝阳洞现已列为县级文物保护单位。

### | 五凤山森林公园 |

地址：武都区马街镇，距陇南市区16千米。

到达方式：自驾或乘坐出租车沿略武公路至马街镇上山到五凤山停车场后登山，或从殿沟村徒步登山（需3小时左右）。

开放时间：全天开放。

门票价格：免费。

五凤山原名真武山，位于武都城北郊，主峰海拔2265米，巍峨高峻，耸入云霄。相传古时曾有五只凤凰落于此山，故得名“五凤山”，实乃山顶有五峰并峙，“五凤”为“五峰”之谐音。五凤山以“殿堂多且崇丽”驰名川北、陕南。山上殿堂始建于明代，清康熙、乾隆、嘉庆、道光年间陆续增建，现仅存净手殿、老殿两处，殿舍15间。老殿位于主峰之巅，坐北向南，工艺精巧，殿堂崇丽，系明代建筑。现为县级文物保护单位。

五凤山

每年农历三月初三，是五凤山庙会。由于邻近城区，庙会十分兴盛，白天游人络绎不绝，晚上灯火辉煌，热闹非凡。

### | 东江滨江湿地公园 |

- 地址：武都区城关镇东江新区。
- 到达方式：徒步，自驾或乘坐出租车。
- 开放时间：全天开放。
- 门票价格：免费。

东江滨江湿地公园是以园林为主体的公园，位于市区东江新区北岸，沿白龙江岸修造，长约两千米，面积约20万平方米。公园以湿地良好的生态环境和多样化湿地景观资源为基础，以湿地的科普宣教、湿地功能利用、弘扬湿地文化等为主题，并建有一定规模的旅游休闲设施，可供人们游览观光、休闲娱乐。

东江滨江湿地公园共有民俗文体园、百花迎春园、热带风情园、5·12纪念园、油橄榄示范园、五红叶傲霜园六个园区，总

陇南市东江新区滨江湿地公园，人行道和草坪错落有致，绿树和红花相互映衬

体体现“四季有景，三季有花”的景观美。各园区围绕各自主题，充分利用当地气候和地理特点，以栽植为主，设置了观景廊台、绿植草坪、休闲广场等，构建成多种变化空间，不仅供游人观景赏花，休闲活动，还具有文化产业宣传、科教文化展现、栽植示范展示的科教交流活动功能。

湿地公园进一步完善了城市功能，提升了城市品位，丰富了群众的文化生活，已成为全市节日庆典、文化演出、休闲锻炼、旅游赏景的亮点景观。

东江滨江湿地公园共有民俗文体园、百花迎春园、热带风情园、5·12纪念园、油橄榄示范园、五红叶傲霜园六个园区，总体体现“四季有景，三季有花”的景观美

## | 江南公园 |

地址：武都区城关镇白龙江南岸。

到达方式：徒步，自驾或乘坐出租车。

开放时间：全天开放。

门票价格：免费。

武都区江南公园位于武都区白龙江南李家咀村，南靠兰海高速公路，西连清水河口，北临南长江大道，景观面积约两万平方

江南公园主体建筑包括环翠阁、远香亭、涵青亭、问泉阁、连廊、迎宾门、音乐喷泉等，景观布局合理，区域特色鲜明

米。公园主体建筑包括环翠阁、远香亭、涵青亭、问泉阁、夕照廊、倚虹亭、映霞亭、瞭望塔、连廊、迎宾门、音乐喷泉等，其中环翠阁、远香亭、涵青亭和问泉阁通过连廊形成围合空间。

夜幕下的江南公园霓虹闪烁、绚丽多彩、浪漫迷离、引人遐想

江南公园以“江南园林”为设计导向，融合明清建筑风格，

与周边的白龙江、清水河、建筑群、南北高山等环境相互协调，景观布局合理，区域特色鲜明，达到了景观、游人与自然的和谐。

### | 佛堂寺 |

地址：武都区龙凤乡，距陇南市区 28 千米。

到达方式：自驾或乘坐出租车沿 212 国道东行至罗寨桥，转北进入佛堂沟，至龙凤乡寺塄干村。

开放时间：全天开放。

门票价格：免费。

佛堂寺位于武都区龙凤乡寺塄干村青龙山山头，原名西宁寺，据传初建于东汉时期，从唐代到民国年间记载维修达八次之多。

佛堂寺佛教活动起步较早，是陇南佛教活动历史记载中最早的寺院之一

1991 年被当地文物、旅游、宗教部门列为重点开发单位。2005 年重新修葺，2006 年初重新对外界开放。佛堂寺因处在古秦州与西蜀交通要道上，自古以来客商往来频繁，又是兵家常争之地，其文化与商业活动对当地的村镇有深远影响。

佛堂寺佛教活动起步较早，是陇南佛教活动记载中最早的寺院之一。有民谚传：先修佛堂寺，后修汉王寺；剩下椽头子，修了盘岭寺；还剩几碗面，修成观音店。历史上全寺有前殿、正殿等 18 间，塑像 48 尊。各殿墙壁绘画色泽鲜艳，金碧辉煌，并有钟鼓楼等规模可观的建筑。佛堂四周林木风姿秀美，常有祥云瑞彩衬映，佛寺显得格外庄严。

佛堂四周林木风姿秀美，常有祥云瑞彩衬映，佛寺显得格外庄严

## | 传统古村张坝 |

地址：武都区琵琶镇，距陇南市区 58 千米。

到达方式：自驾或乘坐出租车至琵琶镇，转东南 7 千米至张坝村。

开放时间：全天开放。

门票价格：免费。

张坝村位于琵琶镇四方山的坪上，依山傍水，村边是大团鱼河，对岸有兰海高速公路穿山而过。村里现有两河、张坝、阳土坝、水沟子、麦秆山 5 个村民小组，约 208 户 800 余人。明朝初年，政府在推行“湖广添四川”移民垦荒政策时，张坝人的先祖从湖北麻城、孝感迁徙而来。

张坝村背山面水，坐西朝东，于山腰处沿等高线纵向布置，

张坝古村是陇南地区典型的乡土聚落。300 多年来，张氏宗族在这里生息繁衍，原有的聚落格局与建筑被“原汁原味”地保留下来

张坝古村区域代表性强，人文、农耕、田园、生态旅游资源丰富，不仅是陇南地区典型的乡土聚落，也是甘肃省聚落形态保存最完整的传统古村落建筑群之一，具有很高的民间传统文化研究价值

由沟谷分为南北两段。民居是典型的陇南木架子房，四合院建筑结构，多依山而建，既拥有北方建筑的恢宏高大，又融合了江南民宅的精雕细琢。房屋采用穿斗式木结构梁架，上下两层，正房三到五间，厢房、厨房、杂物房各具功用。窗格多用棋盘、龟背锦等木雕图案，丰富厚重。房基是就地取材的石头，上面是黏土与碎石夯实的土墙，房上青瓦也是村上的小砖窑烧制。整个村落散发着素朴之美。

### | 姚寨沟生态园 |

地址：武都区南郊姚寨沟，距陇南市区 3 千米。

到达方式：步行、自驾或乘坐出租车。

开放时间：全天开放。

门票价格：免费。

姚寨沟（别称瑶寨沟）生态园位于市区以南，是武都城区休

姚寨沟生态园位于陇南市区白龙江南岸群山之间

姚寨沟景区内山岭叠翠，森林茂密，碧波荡漾，飞瀑流云，奇石耸立，鸟语花香，堪称“人间仙境”

闲、避暑、度假、会议综合旅游风景区。主景区由湖泊、特色园、瀑布、农家乐、特种养殖、民族民俗旅游6部分组成，与武都千坝草原及万象洞景区通过旅游环线连成一片，形成1—3日游的武都旅游圈。

沟内青龙山形似卧龙，山上庙宇林立。上黄景区山清水秀、飞瀑溅珠、曲径通幽。马山景区松柏掩映、苍翠欲滴。主峰雷鼓山海拔3600米，一山有四季，植物层次清晰，可春采野花，夏听松涛，秋赏红叶，冬尝山珍，堪称人间仙境“瑶池天堂”。

## | 裕河国家级自然保护区 |

地址：武都区裕河镇赵钱坝村（镇政府所在地），距陇南市区107千米。

到达方式：长途客车、自驾或乘坐出租车。

开放时间：全天开放。

门票价格：免费。

裕河国家级自然保护区位于武都区东南部，总面积 51058 公顷，属典型亚热带气候。这里不只有原始森林、流水飞瀑、深山人家，还有很多珍稀濒危野生动植物，其中国家级、省级重点保护珍稀植物 30 多种，重点保护珍贵动物有 50 多种。特别是以大熊猫、金丝猴、扭角羚和南方红豆杉、银杏等为主的多种稀有动植物集中分布，种群大，数量多，结构稳定。

八福沟位于裕河镇凤屏村，距赵钱坝村 5 千米左右，是裕河国家级自然保护区的中心区域，地处五马河两岸，景区内奇峡幽谷、古树参天、流泉飞瀑、浅溪深潭。村落在茶园、棕榈、芭蕉丛中掩映，晨雾缭绕，如诗如画，恰似人间仙境，是原生态的山、水、林、园旅游胜地。

武都区裕河镇是原生态的山、水、林、园旅游胜地

裕河也是武都区茶叶主产区，有观

光茶园、八福春茶厂、云顶蜂场及5000米生态观光步道。

## 十六、奇山秀水宕昌县

战国时期，秦国在今宕昌南河乡设立羌道（“道”为秦汉时期在少数民族地区设置的县一级机构）。晋怀帝永嘉元年（307年），羌人梁勤建宕昌国。北周武帝天和元年（566年），北周灭宕昌国，以其地为宕州。民国二年（1913年），改属西固县。1954年6月更名西固县为宕昌县。

宕昌县官鹅沟泽荡湖，是雷古雪山脚下一处天然湖泊，这里群山环抱，苍松翠柏挺立，山顶积雪终年不化，风景十分优美奇特

## | 哈达铺红军长征纪念馆 |

地址：宕昌县哈达铺镇上街，国道 212 线上，距宕昌县城约 35 千米。

到达方式：兰渝铁路哈达铺车站，兰州、武都有直达哈达铺镇的长途车，自驾沿 G212 行驶即可到达。

开放时间：9：00—17：00。

门票价格：免费。

国家 AAAA 级旅游景区。哈达铺红军长征纪念馆位于哈达铺镇上街。1935 年 9 月至 1936 年 10 月，中国工农红军一、二、四方面军三大主力长征先后都经过此地。党中央、毛主席在这里作出了将红军长征落脚点放在陕北的重大决策。哈达铺是决定红

宕昌县哈达铺红军长征纪念馆

毛泽东、张闻天在哈达铺住过的义和昌药铺旧居

军长征命运的“重大决策地”，是长征途中名副其实的“加油站”。哈达铺红军长征纪念馆是红军长征途中所经城镇保存原貌最完整的革命纪念地。

哈达铺红军长征纪念馆筹建于1978年，1985年10月正式建馆。纪念馆主要由7处革命遗址构成，有毛泽东、张闻天住过的义和昌药铺，红一方面军司令部及周恩来住过的小院同善社，二方面军团以上干部会议会址关帝庙，红二方面军总指挥部及贺龙、任弼时住过的张家大院，原哈达铺邮政代办所，哈达铺苏维埃政府，苏维埃哈达铺游击司令部。馆内存有革命文物52件，其中国家一级文物1件，国家二级文物8件，国家三级文物14件。现为全国重点文物保护单位、全国爱国主义教育示范基地。

2005年哈达铺镇荣获“中国历史文化名镇”称号，2015年荣获“全国文明村镇”称号。

## 官鹅沟国家森林公园

地址：距宕昌县城约 5 千米。

到达方式：兰渝铁路哈达铺车站下车，乘公交车至宕昌县城即可。也可乘长途车或自驾直达宕昌县城。

开放时间：7：30—17：30。16：30 停止售票。

门票价格：130 元（包含观光车、保险费）。如果要到天池还需再买 40 元的交通车票（也可徒步约 5 千米）。

国家 AAAA 级旅游景区。官鹅沟国家森林公园位于宕昌县西南城郊，由官鹅沟、大河坝沟、马圈沟、木隆沟、庙沟等景区组成，总面积 4.2 万公顷。2003 年被确立为国家级森林公园，2007

官鹅沟国家森林公园集原始森林景观、草原景观、地貌景观、水体景观、天象景观、人文景观于一体

官鹅沟国家森林公园生态环境优美，自然景观奇特

年被评为国家AAAA级旅游景区，2014年被确立为国家地质公园。

森林公园集原始森林景观、草原景观、地貌景观、水体景观、天象景观、人文景观于一体，动植物分布多样，生态环境优美，自然景观奇特。官鹅沟景区前14千米为13个色彩斑斓的湖泊，后18千米为松柏茂密的原始森林，最深处为高山草甸和终年不化的雪山。沟内山岭重叠，幽谷纵横，瀑布飞溅，湖泊激流，被专家誉为最有观赏价值的地质公园。

## 羊马城古城遗址

地址：宕昌县城西南约 2 千米。

到达方式：自驾或乘坐出租车至山腰后徒步登山。

门票价格：免费。

羊马城古城遗址位于宕昌县城西南面的马鞍山山顶，分前、中、后三城，城池为唐宋时期修筑，俗称羌寨古城堡，其居高临下，三面陡绝，只一小径可达山巅。羊马城为三座相互沟通的山城，前城现残留东、南、西三处城墙，有炮台 4 处，城门已毁。中城两头小，中间大，呈椭圆形。后城现残存城墙有 6 处。

羊马城取易守难攻之利，唐、宋、元各代皆为兵家攻伐之所。

羊马城位于宕昌县城西南面的马鞍山山顶，城池为唐宋时期修筑，俗称羌寨古城堡

## 鲁班崖地质公园

地址：宕昌县官亭镇三盘子村，距县城约 40 千米。

到达方式：可乘长途车或自驾直达。

门票价格：免费。

鲁班崖地貌

鲁班崖地质公园紧靠国道212线和滔滔岷江。崖上有摩崖诗刻，高2丈余，刻有“潜而勿用已沉残，起料阶州顾七持。从日初与云雨士，方纵或跃舍崔间”一诗，落款为“（南宋）绍兴二年”。字迹俊秀，清晰如初。

据考证，该地貌形成于2.2亿年前的三叠纪，崖面是浅海沉积的薄层状灰岩，地层的扭曲褶皱是地壳强烈运动挤压导致地层变形的结果，是典型的“沧海变桑田”地质变迁标志。大自然的鬼斧神工造就了这一地质奇观，被世人认为是木工始祖鲁班先师的妙手巨作，鲁班崖由此得名。

### | 牛头寺森林公园 |

地址：宕昌县韩院镇，距县城约50千米。

到达方式：到县客运站乘长途汽车，自驾或乘坐出租车。

门票价格：免费。

国家AAA级旅游景区。牛头寺森林公园占地一万余亩，西接毛羽山万亩林带，东连菜地湾万亩林区，由奇峰秀水、古刹亭

牛头寺森林公园位于宕昌县韩院镇，占地一万余亩

阁、参天古柏、小桥人家构成。牛头山地形地貌奇特，如数根巨大裸露的石笋矗立在山中，巍峨险峻。牛头寺坐落在山巅，始建于唐玄宗时，至今保存着千年古刹之风姿。

牛头寺森林公园

园区内有乔灌木百余种，药用植物500余种；有金钱豹、红腹鸡等珍稀动物30余种。

牛头寺位于公园中心地带，背依巍巍笔架山，面朝悠悠良恭河。寺庙始建于唐，经明、清重建修复，今在壁立千仞的牛头寺峰顶重建了前殿、后殿、中殿，前有飞檐翘角的西霞阁，后有雕梁画栋的藏月楼，中有擎天摩宇的卧云亭。

## 十七、西狭流韵成县

秦汉时设置有下辨县（今成县红川镇）。唐咸通七年（866年），复置成州于宝井堡（即今成县城关镇）。南宋宝庆三年（1227年），升成州为同庆府，元初降为成县。

成县素有“陇右粮仓”之称，被评为“千年古县”

## 西狭颂景区

地址：成县抛沙镇丰泉村，距县城约11千米处。

到达方式：到县客运站乘长途汽车，自驾或乘坐出租车。

开放时间：8：30—18：00。

门票价格：40元。

成县西狭颂景区因有东汉时期著名的《西狭颂》摩崖石刻而闻名于世

国家AAAA级旅游景区。西狭颂景区位于成县小川镇与抛沙镇之间的天井山麓鱼窍峡，因著名的《西狭颂》摩崖石刻而闻名于世。2001年6月，《西狭颂》被列为全国重点文物保护单位。

《西狭颂》全名为《汉武都太守汉阳河阳李翕西狭颂》，刻于东汉建宁四年（171年）六月，距今已有1800多年历史，保存完整，与陕西汉中市的《石门颂》、略阳县的《郙阁颂》同列为汉代书法“三颂”，在我国金石学、文化史、书法史和交通史上均占有重要位置。这里自然风光清幽绮丽，青山对峙，涧流清澈，潭水似明珠相串，瀑布迭次相连，山、水、石、树皆成风景，亭、桥、廊、榭相映成趣。

西狭自然风光清幽绮丽，山、水、石、树皆成风景，亭、桥、廊、榭相映成趣

## | 鸡峰山景区 |

地址：成县鸡峰镇鸡峰山庄，距县城约 15 千米。

到达方式：到县客运站乘长途汽车，自驾或乘坐出租车。

开放时间：9：00—17：00。

门票价格：50 元。

国家 AAAA 级旅游景区。鸡峰山，又称鸡山，因“奇峰孤耸，直入云际，状似鸡首”而得名。鸡峰山属西秦岭余脉，景区山势险峻，层峦叠翠，松竹丛茂，风景十分优美。峰顶有一孤峰，称嵋洛峰，一峰突兀，三面陡绝，一面与中峰以丈余险径相通。鸡峰山自古以来就是陇南名山，以峰美、水秀、洞奇而得名，号称“陇南第一山”，享誉陕、甘、川三省。峰顶上光祥寺始建于北宋，规模宏大，沿灵官峡、大寺院、药王宫、二梁子、二字殿、嵋洛

鸡峰山自古以来就是陇南名山，以峰美、水秀、洞奇而得名，号称“陇南第一山”

峰一线，建有佛刹寺庙百余间。

景区总面积 4196 公顷，包括杜公祠文化游乐区、鸡峰山宗教游览区、五仙山森林溶洞风景区，林木葱郁、层峦叠翠，1994 年被省政府批准为省级森林公园，1999 年被列为国家级森林公园。

### | 陈院生态园景区 |

地址：成县陈院镇，距县城约 4 千米。

到达方式：可步行、自驾或乘坐出租车。

开放时间：全天开放。

门票价格：免费。

国家 AAA 级旅游景区。陈院生态园坐落于城北陈院镇，景区占地面积为 1.3 万亩。景区以“生态观光、娱乐休闲”为主题，

陈院生态园景区以“生态观光、娱乐休闲”为主题

以“山中有树、林间有果、路路有花、四季常绿、有玩有乐、绿色生活”为特色，建成金银花观光采摘区、油用牡丹观光区、核桃种植采摘区、荷花观光莲藕采摘区、渔乐农庄垂钓休闲娱乐区5个景区，集徒步旅游、餐饮娱乐、休闲观光为一体，寓旅游景观于其中，游客可领略田园风光、品尝风味食品。

### | 杜公祠 |

地址：成县城关东南飞龙峡口，距县城约4千米。

到达方式：步行，自驾或乘坐出租车。

开放时间：9：00—17：00。

门票价格：20元。

国家AA级旅游景区。杜公祠又称杜少陵祠，坐落于城关东南飞龙峡口，是一座纪念唐代诗人杜甫流寓同谷的祠堂式建筑，为国内现存37处祠堂（草堂）中修建历史最早的一处，为省级文物保护单位。

成县杜公祠是纪念唐代诗人杜甫流寓同谷的祠堂式建筑

唐乾元二年（759年），杜甫辞官携家西行，流离同谷县一月有余，创作了《龙门镇》《泥功山》《凤凰台》《同谷七歌》等诗作十余首。宋宣和五年（1123年），成州知州晁说之提议，秀才赵惟恭捐地五亩，同谷县令郭慥主持建祠，经几代增补修葺，遂成今日之规模。现留存有南宋光宗绍熙四年（1193年）宇文子震刻写的诗碑、明世宗嘉靖九年（1530年）和十九年（1540年）立的两座诗碑及明神宗万历四十七年（1619年）立的《重修杜少陵祠记》石碑等10多处。

唐乾元二年（759年），杜甫辞官携家西行，流离同谷县一月有余

## | 裴公湖 |

地址：成县县城西关紫金山下。

到达方式：步行、自驾或乘坐出租车。

开放时间：全天开放。

门票价格：免费。

裴公湖，又名莲花池，相传为唐武后天授年间（690—692），成州刺史裴守贞主持修建，因其湖中种植莲花，故又称其为“裴公莲沼”，明万历年间张乐舜，清康熙年间黄泳在任成县县令时，曾增补修葺。

裴公湖面积近 20 亩，分东西两湖，状若彩蝶。东湖种红莲，西湖植白莲。湖心有亭，曰“湖山飞阁”，旧称湖山堂，今称莲桥亭。亭两侧有桥，前后两坊，一名“云锦”，一云“霞漪”，南北方向横卧于东、西湖之间。每年盛夏花开季节，赏花者络绎不绝。这时的莲池，满池碧绿，红、白荷花点缀其上，红莲如火，白莲如玉。微风吹来，香飘十里，满城馨香。

裴公湖因其湖中种植莲花，故又称其为“裴公莲沼”

## 泰山庙

地址：成县支旗乡，距县城约3千米。

到达方式：步行、自驾或乘坐出租车。

开放时间：全天开放。

门票价格：免费。

泰山庙又称东岳庙，西濒长丰河，南邻凤凰山，与大云寺、狮子洞为联袂旅游区。唐宋时期庙宇已相当鼎盛。明正德年间，知县武鉴建为“东岳庙”，清雍正年间扩修，殿堂亭阁建筑规模比之先前更加宏阔。

每年农历三月二十八为成县泰山庙庙会。

成县泰山庙又称“东岳庙”，始建于明正德年间，清雍正年间扩修

## 丨吴挺碑丨

地址：成县县城北约 1.5 千米处。

到达方式：步行、自驾或乘坐出租车。

开放时间：全天开放。

门票价格：免费。

吴挺碑位于成县城关镇石碑村。吴挺碑全名为《世功保蜀忠德之碑》，系南宋抗金名将吴挺神道碑，也称吴王碑。吴挺碑立于南宋嘉泰三年（1203 年），碑体镶嵌于四螭托碑碑趺上，高出地面 6.18 米，造型雄奇高大，重量在 350 吨以上。碑阳额刻二龙图，篆“皇帝宸翰”，碑身刻宋宁宗书“世功保蜀忠德之碑”8 字。吴挺碑碑文翔实生动，图案精美华丽，书法遒劲挺拔，刻工流畅古朴，是研究宋代政治、军事、文化等方面的珍贵实物依据。石碑周围有碑刻、华表及石翁像 2 尊。为甘肃省文物保护单位。

吴挺碑全名为《世功保蜀忠德之碑》，也称吴王碑

## | 金莲洞 |

地址：成县店村乡，距县城约 15 千米。

到达方式：到县客运站乘长途汽车，自驾或乘坐出租车。

开放时间：全天开放。

门票价格：免费。

金莲洞位于成县店村乡新村仙洞湾山腰，一名华阳洞，洞阔 400 余米，入则渐小，约 500 米深处仍有一小洞，人不能入，深不可测。洞内密布钟乳石，参差竖立，白中透黄，多呈莲花状，故名金莲洞。据载，洞中殿宇创始于元代，道士刘道通、罗道隐募资觅工，“建奉真之殿，钩飞空之楼，塑圣贤之像，修藏经之阁”，

金莲洞一名华阳洞，因洞内密布钟乳石，参差竖立，白中透黄，多呈莲花状，故名金莲洞

百具焕然，名震陇右。明成祖永乐初年，著名道士张三丰也来此养真。户科都给事中胡滢曾奉旨访此，留有《金莲洞访张三丰不遇》诗一首。洞中存有元、明、清三代碑刻数通。

这里翠峰叠嶂，古柏森森，茂林修竹，溪水潺潺。身临此境，顿觉神清气爽，烦恼皆消！

## 十八、天然氧吧康县

西汉武帝元鼎六年（前 111 年）今康县分属武都郡平乐道（治今康县平洛镇）、循成道（治今成县镡河乡将利村）。1929 年 1 月，设康县于白马关（今康县云台镇）。1944 年 6 月，康县政府迁驻岸门口镇。1961 年 12 月，康县政府自岸门口镇迁驻嘴台（今康县城关镇）。

康县县城全景图。康县气候温和，雨量充沛，风景优美，被誉为“陇上西双版纳”。2013 年获“中国最美绿色生态旅游名县”荣誉称号

## 花桥村景区

地址：地处省道白望公路沿线，距成武高速望关入口约5千米，距陇南市约70千米，距康县城约30千米。

到达方式：到县客运站乘长途汽车，自驾或乘坐出租车。

开放时间：全天开放。

门票价格：免费。

花桥村有着旖旎的田园风光、独特的民俗风情

国家AAAA级旅游景区。花桥村位于康县长坝镇，景区包括游客接待区、休闲养生区、民俗体验区、湿地生态区、亲水游乐区、农活采摘区等13个休闲区域，有着旖旎的田园风光、独特的民俗风情，是第一批全国乡村旅游重点村。

花桥村是第一批全国乡村旅游重点村

近年来，花桥村先后被授予“中国茶马古道文化艺术之乡”“中国乡村旅游模范村”“全国乡村治理示范村”“中国美丽休闲乡村”“中国最美村镇50强”等荣誉称号。

## | 阳坝生态旅游风景区 |

地址：康县阳坝镇西约 5 千米处，距县城约 85 千米。

到达方式：到县客运站乘长途汽车，自驾或乘坐出租车。

开放时间：全天开放。

门票价格：40 元，电瓶车票 28 元（必购）。

国家 AAAA 级旅游景区。康县阳坝生态旅游风景区位于康县东南部，这里气候湿润，风光旖旎，是名副其实的“陇上江南”。美丽的梅园沟分布有红豆杉、香樟、白皮松等国家珍稀树种近 40 种，有金丝猴、金猫、大鲵等国家珍稀动物 36 种，景区主要有木制栈道、天鹅湖、茶园等。天鹅湖是一处碧绿的湖泊，这里可以乘坐游船游玩，也可以观景漫步。2017 年荣获“中国最美村镇 50 强”荣誉称号。

康县阳坝美丽的梅园沟气候湿润，风光旖旎

茶树碧绿，棕榈遍野，至今保存着原始的自然形态。到陇南不能不到康县，到康县不能不到阳坝

百里梅园沟无水不秀，无山不青，林木茂盛，风光旖旎，自然景观、民俗风情十分独特

## | 岸门口古村康养旅游区 |

地址：康县岸门口镇，距县城约 8 千米。

到达方式：到县客运站乘长途汽车，自驾或乘坐出租车。

开放时间：全天开放。

门票价格：免费。

岸门口镇朱家沟位于风景秀美的燕子河畔，2016 年朱家沟被列入第四批中国传统村落保护名录

朱家大院，为清末民初朱氏家族的老宅院，是康县保留不多典型的四合院古建筑

国家 AAAA 级旅游景区。岸门口古村康养旅游区有丰富的自然资源和人文历史资源，最具代表的景点是朱家沟。

朱家沟位于岸门口镇河对岸，风景秀美的燕子河畔。景区内林草覆盖率达 85% 以上，空气负氧离子含量充沛，PM2.5 不高于 15 微克，年平均温度 12 度，水质无污染，洁净甘甜。有纯天然的山野菜、野生菌、野生猕猴桃、深山土蜂蜜等养生保健土特产品。2016 年朱家沟被列入第四批中国传统村落保护名录。

## 王坝生态民俗旅游区

地址：康县王坝镇，距县城约 10 千米。

到达方式：到县客运站乘长途汽车，自驾或乘坐出租车。

开放时间：全天开放。

门票价格：免费。

国家 AAAA 级旅游景区。王坝生态民俗旅游区位于甘陕交界处，是川陕入甘的重要通道，景区核心面积 7.5 平方千米，这里生态田园与美丽乡村交相辉映，被誉为“陇上田园，诗画王坝”。

景区有中国最美乡村何家庄、大水沟，有湖心岛、十二湾莲花云海、忘忧亭、观景平台、青林沟将军崖、宗教旅游小鸡山等

何家庄村生态田园与美丽乡村交相辉映，被誉为“陇上田园，诗画王坝”

大水沟村 2015 年荣获“中国最美村镇”“省级生态文明村”称号

特色景点，有棒棒鞭、康中唱书、羊皮扇鼓舞等省市级非物质文化遗产。核桃、黑木耳、杜仲、天麻、蜂蜜等农特产品，备受游客的青睐。

### | 白云山森林公园 |

地址：康县县城南山。

到达方式：步行。

开放时间：全天开放。

门票价格：免费。

白云山森林公园建于城南白云山上，总面积 2152.5 公顷，主峰海拔高 2500 米，每逢雨过天晴，有白云从山腰徐徐升起，形成“云海仙境”，故名。公园集森林、奇峰、寺庙、亭台楼阁

白云山森林公园建于康县城南白云山上，集森林、奇峰、寺庙、亭台楼阁于一体，2003 年被批准为省级森林公园

白云山主峰每逢雨过天晴，有白云从山腰徐徐升起，形成“云海仙境”，故名白云山

于一体，先后建成白云寺、红军长征纪念亭、石佛寺、观涛亭、飞云亭、怡情阁等景点，铺设了上山台阶，修建了景区公路、停车场、游乐中心、老年活动中心、俱乐部。2003 年被批准为省级森林公园。

### | 清河森林风景区 |

地址：康县两河镇清河林场，距县城约 35 千米。

到达方式：到县客运站乘长途汽车，自驾或乘坐出租车。

开放时间：全天开放。

门票价格：免费。

清河森林风景区位于康县两河镇境内，为康南林业总场阳坝林场所辖，总面积近 20 万亩，是西北地区原始森林风貌保存最完整的地域之一，属最近新发现的一处生态旅游胜地，以秀、奇、清、峻、险、幽著称。境内千峰叠翠，万岭溢绿，苍松翠柏，古

清河森林风景区境内千峰叠翠，万岭溢绿，苍松翠柏，古木参天

森林风景区溪流清澈甘洌，碧潭星罗棋布，有“十瀑百溪千滩”之说

木参天。溪流清澈甘洌，碧潭星罗棋布，有“十瀑百溪千滩”之说，是观光旅游、休闲度假、避暑览胜、养生健身的福地。

2019 年，康南林业总场阳坝林场获“中国森林康养林场”荣誉称号。

### | 桂花山庄 |

地址：康县白杨乡枫岭村，距县城约 38 千米。

到达方式：到县客运站乘长途汽车，自驾或乘坐出租车。

开放时间：全天开放。

门票价格：免费。

白杨乡枫岭村的桂花山庄，因有一棵千年桂花树而得名

白杨乡枫岭村的桂花山庄，村庄因有一棵千年桂花树而得名。该树树围 3.1 米，其根深叶茂，花开时节，金蕊飘香，沁人心脾，观者无不流连忘返，为当地标志性古树，被命名为“千年金桂”。桂花树下的石头上所刻的“千年金桂”四个字由书画大家莫建成题写。在这里有一种“村在林中，林在村中”的感觉，可感受到山水田园的独特魅力。

### | 白马关古城 |

地址：康县云台镇，距县城约 38 千米。

到达方式：到县客运站乘长途汽车，自驾或乘坐出租车。

开放时间：全天开放。

门票价格：免费。

白马关位于康县北部云台镇，有石筑城垣，依山面水。清雍

白马关建于清光绪三年（1877 年），有石筑城垣，依山面水，曾为康县县城

正七年（1729 年），阶州直隶州在此设置白马关州判，1929 年建康县后，县治设在白马关。1944 年 5 月，县治南迁岸门口后，这里改设为云台镇。

白马关古城建于清光绪三年（1877 年），城垣全为石头垒砌，东西各修建门楼一座。东为“建光门”，西为“永安门”（已毁）。1920 年建造木桥一座，名“中山桥”，桥房雕梁画栋，色彩艳丽，为夏日乘凉歇息佳处。

## | 谈家院民居 |

地址：康县豆坝乡，距县城约 26 千米。

到达方式：到县客运站乘长途汽车，自驾或乘坐出租车。

开放时间：全天开放。

门票价格：免费。

谈家院民居位于康县豆坝乡栗子坪村，始建于清嘉庆年间，咸丰三年（1853 年）时重修，为四合院土木结构建筑，坐北朝南，占地面积 875 平方米，房屋均为两层结构，正房面阔均为 5 间，东西楼各面阔 3 间，均为硬山顶。所有门窗均有花卉、鸟兽等透雕图案，大门在东南角。院内铺青石板。正房除正中 1 间外，其余 4 间为上下两层，东西偏房及南面房屋均为两层单面楼房。

谈家大院是一处保存完好的清代四合院民居，其院内建筑与院外溪水、树林、山岗共同形成一种独特的建筑格局

正房院台正基正面装饰有精美的 36 块石雕图案，构思精巧，做工精细，堪称民间石雕艺术的精品。2011 年 12 月，被公

布为甘肃省第七批省级文物保护单位。

## | 响水泉 |

地址：康县铜钱镇，距县城约58千米。

到达方式：到县客运站乘长途汽车，自驾或乘坐出租车。

开放时间：全天开放。

门票价格：免费。

在康县南部山区铜钱镇的响水沟，有一泓清流从数十米的石崖上飞流直下，落入宽阔的深泉中，声若雷鸣，响彻山谷，这便是康县有名的胜境——响水泉。

响水泉坐落于群山之中，山间溪流长年不竭，因此，溪水跌入山泉的轰鸣声一年四季也从不间断，尤其在夏秋雨季涨水时节，水流奔流，水声更是震耳欲聋，气势十分壮观。

“响水泉”是康县境内著名的景点之一

响水泉的水源地在王湾村，一个沿沟分布的美丽乡村。该树散布在密林深处，家家门前都是宽敞的大院子，户户都有漂亮的小洋楼，一条蜿蜒的通村公路，把54户串联在一起，犹如生活在画境般的“桃花源”里。

# 十九、碧水青山文县

西汉初，设置广汉郡北部都尉（后为西部都尉），治阴平道（治今文县城关镇鹄衣坝村）。三国初，曹魏改广汉属国为阴平郡。北周明帝二年（558 年）置文州，州治葭芦城（今文县临江镇）。唐德宗建中三年（782 年），移治于今文县城关上城。明洪武四年（1371 年），降文州为文县。

文县，三国初年，曹魏改广汉属国为阴平郡，后为文州。素有“陇上江南”“千年药乡”的美誉，也是“大熊猫的故乡”

## 丨文县天池国家森林公园丨

地址：文县天池乡，位于文县城以北约 94 千米。

到达方式：到县客运站乘长途汽车，自驾或乘坐出租车。

开放时间：8：30—21：00。

门票价格：30 元。

国家 AAAA 级旅游景区。天池景区包括洋汤天池、盆景池、饮马池等景点，共同形成一个大的景区，其中的洋汤天池系中国四大天池之一。洋汤天池位于文县县城西北 65 千米处的天魏山下，因远古时代地质活动，山峰颓倾，堵塞谷道，积流而成，古称“天魏湫”。天池有 9 道大湾和 108 个小曲，汇成了一个状如葫芦的一池碧水。天池四面秀峦，奇峰围绕，有象鼻咀、仙女石、

文县天池系中国四大天池之一，如 2400 多米高山上的宝镜，涨不见溢，枯不见涸，有风无浪，仿佛万古时光在此凝结

狮子包、捉鱼沟、月溜湾、马鞍峰、骑马梁、牧马坪、五指洞等。森林动植物资源丰富，湖山映衬，山光水色，相得益彰。

1993 年 1 月批准为省级森林公园，2005 年批准为国家级森林公园。

### | 黄林沟国家湿地公园 |

地址：文县天池乡，位于文县城以北约 100 千米。

到达方式：到县客运站乘长途汽车，自驾或乘坐出租车。

开放时间：全天开放。

门票价格：免费。

国家 AAAA 级旅游景区。黄林沟又名“黄陵沟”，位于文县天池乡境内，是由河流湿地、沼泽湿地和人工库塘湿地三大类型组成的复合型湿地，湿地面积 83.2 公顷。该区域生物多样性丰富，集雪山彩林、奇峰异石、动植物和人文景观于一体。黄林沟被称作“九寨沟黄金旅游线上的璀璨明珠”，四季景色都十分迷人。春日来临，黄林沟冰雪消融、春水泛涨、山花烂漫、春意盎然，远山还未融化的白雪映衬着童话世界。夏日，黄林沟掩映在苍翠欲滴的浓荫之中，五色的流水梳理着翠绿的树枝与水草，恍若置身于人间仙境。秋天是黄林

黄林沟四季景色都十分迷人，被称作“九寨沟黄金旅游线上的璀璨明珠”

沟最为灿烂的季节，五彩斑斓的红叶，彩林倒映在明丽的湖水中，如梦如幻，令人陶醉。

### | 白水江国家级自然保护区 |

地址：位于文县西南地区，距县城约 85 千米。

到达方式：到县客运站乘长途汽车，自驾或乘坐出租车。

开放时间：9：00—17:00。

门票价格：免费。

白水江国家级自然保护区总面积约 18 万公顷，是甘肃省唯一具有北亚热带生物资源的自然景观区，主要景区有邱家坝、仙女潭、森林、高山草甸、邓艾雕塑、白水江廊桥、三国古栈道、深沟城

白水江国家级自然保护区是中国以保护大熊猫为主的三个重点保护区之一，主要保护对象是大熊猫、珙桐等多种珍稀濒危野生动植物

白水江国家级自然保护区是甘肃省唯一具有北亚热带生物资源的自然景观区

隍庙等。自然保护区主要保护对象是大熊猫、珙桐等多种珍稀濒危野生动植物及其赖以生存的自然生态环境和生物多样性。

保护区林木葱郁，风景如画。春天，这里万紫千红，百鸟争鸣，令人如痴如醉；夏天，这里满山青翠苍郁，一片绿色荡漾景象；秋天，这里烟雨迷蒙，碧水漫流，深邃幽远，风韵十分独特；冬天，这里白雪皑皑，银装素裹，又呈现出一派北国风光。

### | 白马河生态民俗风情景区 |

地址：文县铁楼藏族乡，距县城约 40 千米。

到达方式：到县客运站乘长途汽车，自驾或乘坐出租车。

开放时间：9：00—17:00。

门票价格：免费。

国家 AAA 级旅游景区。白马河生态民俗风情景区位于文县城西南铁楼乡白马河流域。景区有白马人村寨、云瀑寺、玻璃栈道等景点。白马人在生产和生活中还保留较多的传统游猎习俗，他们崇拜日月山水、风雨雷电及动植物等，最崇敬的神灵是始祖神盘瓠爷、太阳神和五谷神，每年都要举行隆重的

白马人每年都要举行隆重的“池哥昼”祭祀活动

“池哥昼”祭祀活动。至今依然保留着古朴原始的民俗文化和独具特色的奇异风俗。

白马人的火圈舞，是白马人的“军舞”，表现出白马人精诚团结、众志成城、不屈不挠的战斗精神

文县的“池哥昼”，于 2008 年被列为“第一批国家级非物质文化遗产扩展项目名录”。文县铁楼藏族乡的入贡山、草河坝、石门沟村案板地被命名为“中国传统村落”，麦贡山村被命名为“中国少数民族特色村寨”。

## | 碧口古镇 |

- 地址：位于文县碧口镇，距县城约 85 千米。
- 到达方式：到县客运站乘长途汽车，自驾或乘坐出租车。
- 开放时间：全天开放。
- 门票价格：免费。

国家 AAA 级旅游景区。碧口镇原名碧峪口、碧霞口，位于白龙江的下游。历史上，碧口镇曾经是甘川两省的水旱码头，商贾林立，与通渭县马营镇、永登县红城镇、华亭县安口镇并称为“甘肃四大名镇”。2006 年被评为“甘肃历史文化名镇”，2013 年被评为“甘肃十大魅力乡镇”。

历史上，碧口镇曾经是甘川两省的水旱码头，商贾林立，与通渭县马营镇、永登县红城镇、华亭县安口镇并称为“甘肃四大名镇”

早春二月，碧口镇的油菜花就已盛开，金色的油菜花与碧水蓝天相互映衬，构成一幅绝美的自然画卷

碧口气候温暖，雨量充沛，尤其是李子坝、碧峰沟一带，雨雾缭绕，很适宜茶树生长。这里也是甘肃境内最早引种茶树的地方。

**| 马家山生态旅游园 |**

地址：位于文县碧口镇石龙沟，距县城约 98 千米。

到达方式：到县客运站乘长途汽车至碧口镇，自驾或乘坐出租车。

开放时间：全天开放。

门票价格：免费。

马家山生态旅游园位于文县碧口镇石龙沟，这里峰峦叠嶂，气候温暖，雨量充沛，云雾缭绕，适宜茶树生长。旅游园茶树环绕，风景怡人。龙池微波荡漾，沿池边建有景观亭、小拱桥、人行步道。行走在旅游园，茶树翠绿，森林黛绿，层层叠叠，线条优美。远山在云雾中似隐若现，宛如一幅绿色渲染的山水画卷，别有一番风情。依托自然资源和茶园风光，马家山生态旅游园已经成为集旅游、观光、休闲、娱乐为一体的特色旅游区。“2019 年甘肃（陇南）

马家山生态旅游园茶树环绕，雨量充沛，云雾缭绕，风景怡人

“黄金芽”茶叶在马家山试种成功。“黄金芽”因呈金黄色，汤色明黄，味道鲜美，又贵如黄金而得名，是目前国内唯一培育成功的黄色变异茶种，属高档珍奇茶品

茶文化旅游节暨中国茶叶市场发展论坛”的茶区精品文化旅游参观活动就在这里举行。现在的马家山已成为甘、川、陕三省交界处独具特色的生态茶园旅游风景区，吸引着全国各地游客纷至沓来。

### | 石鸡坝乡哈南村 |

地址：文县石鸡坝乡哈南村，距县城约 35 千米。

到达方式：到县客运站乘长途汽车，自驾或乘坐出租车。

开放时间：全天开放。

门票价格：免费。

哈南村旧称哈南寨，是文县四大边寨之一，位于甘川交界处，坐落在白水江南岸。唐宋以来，官方在此设屯置寨，部兵戍守，是抵抗吐蕃入关的重要隘口。明代此处建有规模较大的镇寨，村内有 3 街 9 巷和 13

哈南村的阁楼，历经数百年风风雨雨，依然坚固挺立

座古楼子，有西京观、南佛寺等古建筑，东南西北四门齐全，城墙伟岸矗立，琵琶弹唱、春节社火“夜春观”民俗文化特色鲜明。2012 年 12 月被列入首批中国传统村落名录。

### ｜碧口水库｜

地址：文县碧口镇曲水湾，距县城约 82 千米。

到达方式：到县客运站乘长途汽车，自驾或乘坐出租车。

开放时间：全天开放。

门票价格：免费。

碧口水库是白龙江梯级开发中修建的第一座水电站，也是全国最高的土石坝水库。

水库拦河大坝为土石结构，长 120 米，高 80 米，坝底宽 50 米，

碧口水库汇白龙江、白水江、让水河之水，如一面明镜镶嵌于群山之中

坝顶宽 12 米，巍然屹立于八盘山和四马山之间，将奔腾而来的白龙江拦腰斩断。碧口水库曾有两个全国之最，一是其大坝在土石结构大坝中高度名列全国第一，二是其引水系统调压井总体规模位居全国第一。水库除蓄水发电外，还兼有防洪、水运、灌溉、养鱼等功能。

碧口水库汇白龙江、白水江、让水河之水，形成水深 60 至 70 米，蓄水面积 12.5 平方千米的人工水库，犹如一面明镜镶嵌于群山之中，景色壮观，风光秀丽，成为甘川边境地区的观光胜地。

碧口水库大坝巍然屹立于八盘山和四马山之间，将奔腾而来的白龙江和白水江拦腰斩断

| 火烧关 |

地址：文县城关镇滴水崖村，距县城约 35 千米。

到达方式：自驾或乘坐出租车。

开放时间：全天开放。

门票价格：免费

火烧关位于文县县城以北的关家沟，为古代著名雄关，峡长 400 多米，绝壁凌空，险峻至极，为阴平古道关隘要塞。宋理宗端平三年（1236 年），蒙古大汗窝阔台次子阔端，亲率蒙古大军南征，破文州后又循阴平古道北上，火攻此关，故名火烧关。栈道遗址分布在关口东西两面绝壁，现存栈道孔 63 个，摩崖石刻 1 处。火烧关栈道遗址为研究蜀道、古代交通史提供了实物资料，具有一定的历史和科学研究价值。

火烧关绝壁凌空，险峻至极，为阴平古道关隘要塞

火烧关栈道遗址入选甘肃省第八批省级文物保护单位

火烧关以北有一孤峰突起，险峻千仞，挺立卓然，苍松翠柏覆盖山峰，故称“尖山卓笔”，为文县古代“八景”中最为壮丽的自然景观。

2017 年 11 月 8 日，火烧关栈道遗址入选甘肃省第八批省级文物保护单位。

## 二十、仇池古国西和县

西汉武帝元鼎六年（前 111 年），置武都郡（治今西和县洛峪镇羊马城）。魏晋南北朝时期，为前、后仇池国辖地。宋绍兴

魏晋南北朝时期，氐人占据仇池山后，延续 300 多年的地方政权前、后仇池国，武都国、阴平国和武兴国，就在陇南的崇山峻岭中诞生了

十二年（1142年），南宋移岷州治所于长道县白石镇独头岭（今西和县汉源镇岷郡山）。绍兴十四年（1144年），宋金议和，因岷州“岷”字犯金太祖完颜旻名讳，改名西和州（治今西和县汉源镇）。明洪武十年（1377年），西和州降为西和县。

### | 晚霞湖景区 |

地址：在西和县姜席镇，距县城约5千米处。

到达方式：自驾或乘坐出租车。

开放时间：全天开放。

门票价格：免费。

国家AAAA级旅游景区。晚霞湖位于西和县西北，原为晚家霞水库，经改造建成自然风景区，湖区面积1800亩，蓄水1035万立方米。景区以晚霞湖为主体，环湖一周修建了仿古亭台和走

晚霞湖原为晚霞水库，经改造建成风景区

景区《织女》塑像为著名雕塑家何鄂女士所创作

廊等，可以漫步观赏，感受湖区美丽风光。湿地芦苇丛生，荷花灿烂，群鸟集翔。湖中有几处湖心岛，可以乘坐快艇上岛游玩。现为国家水利风景区。

景区有著名雕塑家何鄂女士所作《织女》塑像，以展示西和乞巧文化的主题。附近有白雀寺、仇池碑林等。

### | 仇池山 |

地址：在西和县大桥乡，距县城约 45 千米。

到达方式：有公路直达山顶，到县客运站乘长途汽车到大桥乡东南处登山，自驾或乘坐出租车。

开放时间：全天开放。

门票价格：免费。

仇池山历史上久负盛名。传说华夏人文始祖伏羲诞生地、刑天和轩辕黄帝决战地“常羊之山”，都在此处。仇池山海拔1791米，三面环水，一面绝崖，地势险要，易守难攻，控陇蜀通道，历来被兵家视为军事要塞。晋惠帝元康六年（296年），氐族部落大帅杨茂搜在此建仇池国，兴衰续断，经晋至隋，统治甘、陕、川三省边境达280多年之久。

仇池山控陇蜀通道，历来被兵家视为军事要塞

仇池山风景秀美，胜迹很多。著名的有伏羲仙崖、石勺奇潭、金龙滚珠、八仙上寿、麻崖古洞、东石无根、洞涌神鱼、小有洞天等八胜

仇池山最高峰伏羲崖，传说是伏羲诞生地

景。仇池山上田野平旷，阡陌纵横，桑竹葱翠，鸟语婉转，宛如世外桃源，因而许多文人墨客都把仇池山描述成山重水复的洞天福地。杜甫避难陇南时,曾写诗吟颂:“何时一茅屋,送老白云边。”宋文豪苏东坡，也以仇池山为避世桃源，留下“老人真欲住仇池”的期盼。

### | 大香山 |

地址：西和县何坝镇刘沟村，距县城约 45 千米。

到达方式：自驾或可包车直达西和县河口村后爬山，也可乘西和县客运中心客车。

开放时间：全天开放。

门票价格：免费。

最佳游览时间：夏、秋季。

雨中的大香山，云雾缭绕，时聚时散。登上山顶，仿佛置身于仙境一般

大香山位于西和县与礼县交界处，主峰海拔 2532 米，南与武都区接壤，横贯东西，其地势东缓西陡，苍茫林海郁郁葱葱，绵延 60 余千米。大香山顶上奇峰罗列，高耸入云，林木葱翠，云雾缭绕，缥缈奇绝。

大香山有麒麟院、锦峨院、龙潭院三大寺院。寺院建筑高大雄伟，气度恢宏，飞檐悬瓦，巧夺天工。还有两座墓堆，一是观音俗身（妙善）公主墓，一个是普贤俗身墓。普贤即妙善公主的二姊妙元，也是在香山先学，后成道于八峰崖，最终显化于峨眉山。据《汉阳舟子集》收录的《观音济度本愿真经》记载，古西峪国在今西和县，大香山为妙善公主成道处，是观音文化在中国本土化的真正的发祥地。

### | 法镜寺石窟 |

地址：西和县石堡乡镇石堡村，距县城约 12 千米。

到达方式：到县客运站乘长途汽车，自驾或乘坐出租车。

开放时间：全天开放。

门票价格：免费。

法镜寺石窟三世佛造像，约建于北魏中期的太和年间（477—499）

法镜寺石窟中早已被损坏的两座不知名的佛像，经当地农民维修后，一不留神竟然成了“网红”

法镜寺石窟位于西和县城北五台山支脉飞来山山崖上。约建于北魏中期的太和年间（477—499），分南崖、北崖两处，现存31窟。南崖15窟，有造像的13窟。北崖原建有法镜寺正殿，现已圮毁，仅在离地面4米高的石崖上留下三个石龛，雕有三世佛石像。第16号窟内有保存完整的“寒山笑世佛”像，面容古拙，发髻较高，双耳齐肩，造像凝练简括，质朴厚重。

唐乾元二年（759年）深秋，诗人杜甫自秦州（今天水）赴同谷（今成县）时曾途经这里，并写下了千古名篇《法镜寺》。明清之际，崖前建筑毁于大水，寺院遂上移建五台山，存清代康熙、雍正年间重建法镜寺的3通石碑。该寺被列为县级文物保护单位。

### | 八峰崖石窟 |

地址：西和县石峡镇东南，距县城约35千米。

到达方式：有公路直达山顶，到县客运站乘长途汽车到石峡镇后登山，自驾或乘坐出租车。

开放时间：全天开放。

门票价格：免费。

八峰崖即八峰山，地处西和县石峡镇东南，南濒西高山，北依天子坪，石窟位于其中一山峰山腰，为天然洞穴。

八峰崖石窟共14龛，分上下两层，上层10龛，下层4龛。现保存有宋、元、明、清时期的石造像90余身和部分壁画，明

八峰崖石窟位于八峰山其中一座山峰的山腰

八峰崖石窟建设地是典型的丹霞地貌，和天水麦积山石窟属于同一地貌。这里有八座山峰突起，飞崖凌空，故名八峰崖

万历年间石碑 1 块，清代石碑 5 块。特别是第 10 龛高约 4 米的明代弥勒佛像，造像精细，神情生动，保存完好，可与麦积山同时代作品媲美。

西和县北有法镜寺石窟，南有八峰崖石窟，皆为两晋南北朝时期的石窟艺术。

## | 云华山 |

地址：西和县稍峪镇，距县城约 15 千米。

到达方式：到县客运站乘长途汽车到稍峪镇后登山，自驾或乘坐出租车。

开放时间：全天开放。

门票价格：免费。

云华山，位于西和县城东北的稍峪镇境内，属丹霞地貌，三面临空，与塔子山仅一线“天桥”相连，海拔高度 2100 米，山体挺拔，孤峰高峻，耸入云端，是陇上千年道教名山。因其山形如圭，旧称圭峰，每有皓月临空，万籁静寂，气象宏远，有“圭峰秋月”之胜景。

因云华山为塔子山（古称鸡头峰）侧峰，传说是秦始皇祭奠先祖的地方

山顶建有殿宇，错落有致，或彩绘飞天，或再现佛本生故事。进庙游览，庙门、廊柱上多有书画名家的楹联、锲刻。主峰庙内供奉玄武大帝，玄武大帝为水

官，由大禹之父鲧的形象转化而来，鲧是我国古代最早的治水专家。玄武大帝塑像披发赤足，足踩龟蛇，正是其治水的象征。每逢四时八节，有晨钟暮鼓从山顶响起，声传百里，俗称“云华山钟声响西礼”。登上云华山顶峰，丹岩如霞，彩云飞渡，蔚为壮丽，让人如临飘渺仙境。

### | 岷郡山 |

地址：西和县城南，距县城约 2 千米。

到达方式：徒步、自驾或乘坐出租车。

开放时间：全天开放。

门票价格：免费。

岷郡山原名独头岭，漾水河与赵五河交汇山前，向北涌流，苍茫之中，一峰独秀。金灭北宋后，关陇六路尽陷于金，岷州州治移于白石镇（今西和县城关）独头岭，后宋金议和，因“岷”字犯金太祖完颜旻之讳，故将岷州改为“和州”。又因江淮之间也有一个“和州”，两地重名，遂改称为“西和州”。后民间称独头岭为岷郡山。

萨真人祠雄踞于岷郡山山头，俗称“萨爷殿”，现存殿宇为清乾隆年间修建

萨真人祠雄踞于岷郡山山头，俗称

“萨爷殿”，是陇南乃至全省闻名的道教宫观。萨真人祠始建年代已无从可考，现存殿宇为清乾隆年间修建。祠内古柏巨槐，雕镌刊刻，清幽绝尘。祠前杂花丛生，鸟声传韵，满目翠微。晨钟暮鼓，声闻十里，春秋佳日，游人不绝，四时八节，香烟缭绕。伫立祠前远眺，一川烟树，万家城郭，尽收眼底。

## 二十一、先秦故里礼县

礼县古称西垂、西犬丘，是秦人发祥地。战国时，置有西县（治今礼县永兴乡及长道镇附近），东汉时移至今红河镇卯水河一带。明宪宗成化九年（1473 年），陕西都御史马文升奏请割秦州

礼县历史悠久，西周时期为西犬丘，是秦人立国发祥之地。图为礼县城关一角

十九里置礼县（治今礼县城关）。

### | 甘肃秦文化博物馆 |

地址：礼县县城东新南路，县汽车站西。

到达方式：步行，自驾或乘坐出租车。

开放时间：9：00—17：00。

门票价格：免费。

国家 AAAA 级旅游景区。甘肃秦文化博物馆位于礼县城关镇东新南路秦人广场，总占地面积约 43864 平方米，总建筑面积为 20533 平方米。其中博物馆主体建筑为仿古式主体三层建筑，按照秦朝时期的风格修建，面积 8350 平方米，包括展厅、会议室、库房、学术厅等，集陈列展示、文物收藏、学术研究、文化旅游于一体。

礼县是秦人发祥之地，出土文物是秦人早期文化的重要实物。甘肃秦文化博物馆以秦文化为主题，收藏青铜器、石器、陶器、

大堡子山大型乐器坑发现的 10 件石磬，甘肃秦文化博物馆收藏

甘肃秦文化博物馆主体为一座三层古式建筑，以秦朝时期的建筑风格修建

骨器、铁器、瓷器、金器等文物5000余件，国家一级文物近150件，文物以青铜器为主，尤以秦人早期青铜器最为珍贵。另外，还存有历代古籍资料一万余册。展览区域主要分布在二、三层，二层主要展示礼县秦早期文化文物，三楼主要展示礼县历史、民俗及翰林遗珍书画等。博物馆已被甘肃省委宣传部命名为“爱国主义教育基地”，免费向社会开放。

### | 秦公西垂陵园 |

地址：礼县永兴镇大堡子，距县城约13千米。

到达方式：到县客运站乘长途汽车，自驾或乘坐出租车。

开放时间：08：00—17：00。

门票价格：免费。

20世纪90年代初，在礼县永坪乡大堡子山发现规模宏大的古墓群，出土文物闻名海内外。墓群总面积18平方千米，包括

20 世纪 90 年代初，在礼县永坪乡大堡子山发现规模宏大的古墓群，确证这一带是西周至春秋以前秦国的中心地区

大堡子山遗址较之陕西发现的雍城陵、东陵、郦陵时间更早，填补了对秦早期研究的空白，研究和史料价值不可估量

大堡子山、赵坪圆顶山等几个墓区，已清理墓葬 14 座，车马坑 2 座。其中“中”字形大墓两座，应属于秦国国君级墓葬，墓葬中出土了大量的青铜器和金、玉器。专家研究后认定是西周（前 1046—前 771 年）至春秋（前 770 年—前 476 年）时期的秦人先祖秦仲、庄公或襄公陵墓，并确立其为秦人第一陵园——西垂陵园。

大堡子山墓群的发现，确证这一带是西周至春秋中期以前秦国的中心，解开了“西垂陵园”和“秦人发祥地”这两大千年谜团，引起了史学界、考古界的极大关注。西垂陵园对研究两周时期的秦国乃至周代墓葬制度、秦国始封地和西周封邦建国制度、秦人的迁徙及其社会特征等，具有很高的学术价值。2001 年，大堡子山遗址被国务院公布为全国重点文物保护单位。

### | 祁山武侯祠 |

地址：礼县祁山乡，距县城约 25 千米，距天水市 70 多千米。

到达方式：到县客运站乘长途汽车，自驾或乘坐出租车。

开放时间：8：00—17：00。

门票价格：20 元。

礼县武侯祠位于礼县祁山乡，是陇南重要的三国文化古迹。祁山，是当时三国时魏蜀必争之地，因诸葛亮伐魏“六出祁山”而闻名。祁山堡为宽阔平川上突起的一座孤峰，坐落在西汉水北岸，高数十丈，周围里许，四面如削，高峻奇拔。南北朝时期始于祁山堡建武侯祠，四时祭祀，时隔千余年，几经兴废，保存

礼县武侯祠，是陇南重要的三国文化古迹

祁山堡峭峙孤险，是三国时期诸葛亮挥师北上进攻曹魏的营堡，因“六出祁山”而闻名

下来的有诸葛殿、关羽殿、起佛殿，一进三院，自成格局。祠堂塑有诸葛武侯神像，名人题写的匾额楹联多幅，存碑石多通，为县级重点文物保护单位。

以武侯祠为中心，四周尚有点将台、藏兵湾、九寨、上马石、小祁山、卤城盐井、西县、木门道等10余处古遗址，可供人们参观游览。

## | 王仁裕神道碑 |

地址：礼县石桥镇斩龙村，距县城约15千米。

到达方式：到县客运站乘长途汽车，自驾或乘坐出租车。

开放时间：全天开放。

门票价格：免费。

王仁裕神道碑全称《周故太子少师王公神道碑》，位于礼县石桥镇斩龙村。碑由碑首、碑身、碑趺三部分组成，外观高大雄浑，建于宋雍熙三年（986年），门生工部尚书、陇西郡开国侯李昉撰文。碑首拱形顶，上雕六龙，盘踞左右，保存基本完好。王仁裕，秦州长道人，其故里在今礼县石桥镇斩龙湾村，为五代时期著名的政治家、文学家，后周进位太子少保，病逝后诏赠太子少师，归葬故里。该碑为省级重点保护文物。

1983 年在王仁裕神道碑附近出土了王仁裕墓志铭，现存礼县博物馆。神道碑和墓志铭记载了王仁裕的生平事迹、家世、故里等，对研究王仁裕及五代时期的社会、政治及文学艺术等具有十分重要的文物价值。

王仁裕为五代文学家，以文辞知名，入蜀为翰林学士

## | 翠峰寺 |

地址：礼县城关镇，距县城约 8 千米。

到达方式：自驾或乘坐出租车。

开放时间：全天开放。

门票价格：免费。

翠峰景观位于县城东南 8 千米处，翠峰山山势峻秀、高耸云端。殿宇庙阁凌空筑就于山峦峰顶。翠峰寺原称天柱庵，始建于唐朝，元朝初年改称翠峰庵。到了明朝，寺庙历经风雨，已经残败不堪。清朝，又重新修建了庙宇、房舍，植被茂密，芳草群芬，“翠峰松涛”成为礼县古八景之一。后又屡经破坏，庙宇被拆，森林

翠峰寺原称天柱庵，始建于唐朝，元朝初年改称翠峰庵

毁坏。

近年来，由于在景区大力植树造林，昔日的荒山秃岭现已松柏森森，毁坏的庙宇也得以重建，有祖师殿、凌霄殿、观音殿、关帝殿、救苦殿、斗牛宫、洪元殿、老母宫等。翠峰寺已是居民休闲娱乐、旅游避暑的一块风水宝地。

### | 盐井祠 |

地址：礼县盐官镇，距县城约 40 千米。

到达方式：到县客运站乘长途汽车，自驾或乘坐出租车。

开放时间：全天开放。

门票价格：免费。

盐官镇是陇上文化名镇，因盐而得名。盐官并非盐关，而是因设置管理井盐生产的盐官而得名。盐官井盐生产历史源远流长，战国后期至秦代，国家对井盐的开发十分重视，在西县设立盐官

（官名），专人管制井盐生产。1997 年《考古与文物》第一期记载了“西盐”字样的竹简封泥，经考证为战国时期或秦代在西县设立盐官的实证。

张永才老人是盐井祠的老盐工，在这口古老的盐井旁待了一辈子，他希望土法熬制加工井盐的传统手工技艺后继有人

两汉时期盐官被人称作卤城。唐代杜甫西行入川经过这里，作《盐井》诗：“卤中草木白，青者官盐烟。官作既有程，煮盐烟在川。”此后历朝历代，井盐生产一直没有停歇，直至解放初，当地居民乃至周边诸县一直在食用盐官的井盐。20 世纪 50 年代以后，由于井盐熬制成本高，逐渐被物美价廉的湖盐、海盐取代，井盐退出了历史舞台。

图片中前为盐井，后为盐神庙，盐神庙内供奉“盐婆婆”，是盐官镇重要的标志性建筑

盐井祠又被称为盐神庙，旧时有三座院落、两座神像，是盐官镇重要的标志性建筑。近年来，礼县以盐井祠为核心，按照秦

汉风格，对钟楼寺和盐井古街进行风貌改造，修建了盐井广场、展览馆、景观亭等，盐井祠成为百姓休闲娱乐的好去处。

## 二十二、银杏之乡徽县

西汉武帝元鼎六年（前 111 年），在今徽县境内建河池县（治今徽县银杏树镇）。至元元年（1264 年），改为徽州，治固镇（今徽县城关镇）。雍正七年（1729 年），降徽州为徽县。

徽县地处龙成盆地，属于北亚热带向暖温带过渡的大陆性季风气候，是全国闻名的“银杏之乡”

## | 金徽酒文化生态旅游景区 |

地址：徽县伏家镇，距县城约 17 千米。

到达方式：到县客运站乘长途汽车，自驾或乘坐出租车。

开放时间：早上 8：00—12：00，下午 13：00—15：30。

门票价格：免费。

金徽酒文化生态旅游景区位于伏家镇金徽酒生产基地，为国家 AAAA 级旅游景区。金徽酒文化生态旅游景区位于伏家镇金徽酒生产基地。景区以酒文化为主题，分为两部分，一部分是酒的生产，可以观看车间厂房、地下藏酒的酒窖等，了解白酒的生产过程；参观酒文化展览馆，可以了解金徽酒的生产历史。第二部分是园景，修建了文化墙、飞天广场、以酒为主题的雕塑等，栽植了很多植物，园中心建有湖泊，环境雅致。

酒海是原酒的储存容器。金徽酒文化展览馆内存有清代槐木酒海一具，是金徽酒发展的历史见证

参观酒文化展览馆，可以了解金徽酒生产历史

景区内还有以酒文化为主题的优美园林，有樱花大道和枫林等，春季有樱花盛开，秋天有红黄树叶，漫步观景，非常惬意。

## | 金徽矿业景区 |

地址：徽县柳林镇，距县城约 35 千米。

到达方式：到县客运站乘长途汽车，自驾或乘坐出租车。

开放时间：9：00—17：00。

门票价格：免费。

金徽矿业景区位于徽县柳林镇郭家沟铅锌矿。金徽矿业确立了建设“生态型、环保型、安全型、旅游型、数字化”绿色矿山的目标，坚持边开发、边修复、边治理的原则，修建山体护坡 4 万多立方米，绿化面积 80 多万平方米，形成地下工厂、地上花园，被工信部评定为全国首批、全省唯一的“绿色工厂”。荣获“中国有色金属工业绿色发展十大领军企业”称号，给予金徽矿业的颁奖词是：矿山之上，青山碧波，陇上江南，流连忘返！

金徽矿业景区被工信部评定为全国首批、全省唯一的“绿色工厂”

## | 青泥岭 |

地址：徽县水阳乡，距县城约 20 千米。

到达方式：到县客运站乘长途汽车前往，自驾或乘坐出租车。

开放时间：全天开放。

门票价格：免费。

青泥岭位于徽县东南境，又名巾子山，主峰铁山海拔 1746 米。

图为青泥岭茶马古道雕塑。青泥岭是古代秦陇入蜀的必经之地

青泥岭是古代陇蜀道上最险峻的山岭

青泥岭地处奔腾的嘉陵江西岸，是古代陇蜀道上最险峻的山岭，是古代秦陇入蜀的必经之地。隐藏于青泥岭山脉中的青泥古道古称故道，又名陈仓道、青泥道、散关道、嘉陵道，悬崖万仞，多云密雨，泥泞难行，绵延20多千米。青泥岭被誉为“秦陇屏障，巴蜀咽喉”，自秦汉以来演绎了许多历史故事，留下了若干历史文化遗迹，成为屹立在陇南大地的文化坐标。

青泥岭也是文化名山，诗仙李白在《蜀道难》中为后人留下了“青泥何盘盘，百步九折萦岩峦”的感叹。诗圣杜甫的“始知五岳外，别有他山尊”更给这里的山川景观以极高的评价。

因特殊的地理地貌和气候条件，青泥岭主峰铁山之上容易形成云海奇观，群山浮动、流云奔涌，如诗如画、如梦如幻，置身其中，如临仙境。

### | 钟楼山吴玠墓 |

地址：徽县城关镇钟楼山。

到达方式：徒步。

开放时间：全天开放。

门票价格：免费。

钟楼山，因吴玠墓、碑在此，故当地人又称吴山。在山顶之上建有一座碑亭，亭中有一墓碑，碑的正面镌刻“宋故开府吴忠烈墓志铭”10个大字。碑文已有剥落，但仍依稀可辨。

南宋初年，金人大举南下。吴玠奉命屯兵河池（即今徽县），扼守川、陕、甘一路，凭险阻击，屡建奇功，升迁为四川宣抚使，成为与岳飞、韩世忠齐名的抗金英雄，后在仙人关军营中病故，归葬德顺军水洛城北塬先茔（今庄浪县北塬吴王坟山）。绍兴十年（1140年）正月，高宗下诏在仙人关为吴玠立庙，号忠烈，追赠少师。孝宗淳熙三年（1176年），追封为涪王，位列南宋异姓七王之一。

吴玠墓碑制作完工后，因金人叛盟，未及运至水洛城北塬吴玠墓地，故存留河池。清嘉庆十三年（1808年）秋，知县张伯魁因修县志，访得此碑，遂移至钟楼山，并修建了吴玠衣冠冢，民间俗称吴玠墓。1963年，吴玠墓被列为省级重点文物保护单位，整个钟楼山及山上古柏皆在保护之列。

## 三滩自然保护区

地址：徽县嘉陵镇，距县城约 50 千米。

到达方式：到县客运站乘长途汽车前往，自驾或乘坐出租车。

开放时间：全天开放。

门票价格：免费。

三滩自然保护区位于徽县东南部，海拔 1100 米—2500 米，总面积 200 平方千米，80% 的地域被原始森林覆盖，是嘉陵江上游千山万壑中蕴藏的一块宝地，因有三个森林草甸纵贯全境，故称“三滩”。

三滩气候温暖，雨量充沛，群山环绕，林海茫茫，碧草连天，雨润雾泽。融原始森林、高山草甸、峡谷溪流、云海日出、溶洞石窟、飞瀑流泉、珍禽异兽、人文古迹为一体，景观多样，景点

三滩自然保护区因有三个森林草甸纵贯全境，故称“三滩”

三滩群山环绕，景观多样，景点丰富

丰富，主要景点有月亮峡、头滩、二滩、东沟峡、通天坪、观音寺等。

保护区动植物资源丰富，森林以栎类为主，杨、桦、椴、槭、松类等树种组成针阔混交林。属于国家保护的珍稀动物有羚牛、麝、红腹角雉、大鲵、云豹、猞猁、金猫、青羊、鬣羚、毛冠鹿、红腹锦鸡、水獭等。

夏季还有嘉陵江漂流（收费）项目。

## 田河村古银杏树群落

地址：徽县嘉陵镇，距县城约 15 千米。

到达方式：到县客运站乘长途汽车，自驾或乘坐出租车。

开放时间：全天开放。

门票价格：免费。

最佳游览时间：秋季。

徽县田河村位于嘉陵江畔，四面环山，光照充足，雨量充沛，气候温暖湿润，适宜“活化石”银杏生长。村内有千年古银杏树 153 棵，形成十分罕见的古银杏树群落。其中有一棵银杏树，树干已经荣枯更迭数次，而现存的树干胸围已达四米多，枝繁叶茂，

置身于银杏树环绕的田河村，犹如穿行在一条如诗如画的长廊中

2017 年 11 月，全国共有 11 个村落被推选为“中国最美银杏村落”，田河村成为甘肃唯一入选村落

果实累累，堪称“千年银杏王”。2017 年 11 月，中国林学会授予田河村“中国最美银杏村落”荣誉称号。

每年 11 月下旬到 12 月下旬的深秋季节，银杏叶开始慢慢变黄，秋风一起，片片飞舞，异常美丽，置身于银杏树环绕的田河村，犹如穿行在一条如诗如画的长廊中。

### | 郇家庄白塔寺砖塔 |

地址：徽县栗川镇郇家庄，距县城约 24 千米。

到达方式：到县客运站乘长途汽车前往，自驾或乘坐出租车。

开放时间：全天开放。

门票价格：免费。

徽县郇家庄白塔

在徽县郇家庄东面的台地上，矗立着一座玲珑秀雅、造型别致的宋代砖塔，当地人称白塔。初叫普圆寺，在唐代被战火焚毁，宋代在原唐代普圆寺遗址上重建白塔，并建寺院，后寺院圮毁而砖塔留存。

白塔共有13层，通高25米左右，为斗拱、密檐、楼阁形砖构实心塔。塔座为石条砌筑两层平面八角形台基，塔身自底部向上逐级递减收敛。各层塔檐每面施三朵双抄华拱。斗拱之上设有替木，在上雕出檐椽和飞檐，檐上铺二层砖石，呈斜坡状，以利水流。表现了宋代建筑艺术的卓越成就。该塔被列为省级文物保护单位。

# 二十三、果老故里两当县

东汉于其地置故道县。北魏延兴四年（474 年），于故道县置固道郡，改故道县为两当县（治今陕西凤县双石铺镇张家窑）。北宋至道元年（995 年），两当县移治广香镇（今两当县城关，又作广乡镇）。两当县名沿用至今，已达 1500 余年。

## 两当兵变纪念馆

地址：两当县城关显龙北路。

到达方式：步行，自驾或乘坐出租车。

开放时间：周一闭馆，周二至周天 8：30—16：30。

门票价格：免费。

两当兵变旧址

古老的两当县，因境内有两当河而得名，已有 1000 多年的建县历史

国家 AAAA 级旅游景区。1932 年 4 月 2 日零时，习仲勋、刘林圃等共产党人在两当县城举行兵变。参加兵变的 200 多名官兵于次日到达两当县北部的太阳寺，部队在此改编为中国工农红军陕甘游击队第五支队。两当兵变是共产党人在甘肃发动的最早的一次武装起义。两当兵变纪念馆由陈列室、兵变旧址、纪

念碑、纪念墙等部分组成。1980 年 1 月，兵变旧址被两当县列为县级文物保护单位，后又被县委、县政府列为县级爱国主义教育基地。2006 年被确立为省级爱国主义教育基地。2009 年 5 月，中宣部公布两当兵变旧址为第四批全国爱国主义教育示范基地。

### | 云屏三峡自然风景区 |

地址：两当县云屏乡，距县城约 36 千米。

到达方式：到县客运站乘长途汽车前往，自驾或乘坐出租车。

开放时间：全天开放。

门票价格：免费。

国家 AAAA 级旅游景区。云屏景区位于两当县城东南，由

两当县云屏三峡自然风景区与徽县三滩风景区隔山相邻

云屏三峡层峦叠嶂，森林茂密，溪流山涧，碧潭映翠，既有北国之雄奇，又有南国之秀丽

土地峡、观音峡、西沟峡三段峡谷组成，故称“云屏三峡”。峡谷全长100余千米，方圆400平方千米，与徽县三滩风景区隔山相邻。

云屏景区有大小景点60余处，尤以“一寺二门三峡四洞五崖”最为突出，一寺为云屏寺，二门为天（铁）门、虎牢门，三峡为土地峡、观音峡、西沟峡，四洞为龙洞、狗头洞、黄崖洞和水帘洞，五崖为姊妹崖、棒棒崖、鸡公崖、尖嘴崖和蜡烛崖。自然风景秀丽多姿、山秀水清、峰奇石异、绝壁千仞、枯松倒挂、飞瀑湍流。现为省级风景名胜区。

## | 香泉寺 |

地址：两当县城北郊。

到达方式：步行，自驾或乘坐出租车。

开放时间：全天开放。

门票价格：免费。

香泉寺位于两当县城北郊，始建于清康熙二十七年（1688年），原只古庙一楹，仅奉观音像。雍正三年（1725年），始扩为三楹，又增文殊、普贤两像。乾隆二十七年（1762年），知县冷文炜砌泉为池，增建印月轩、僧舍、山门，落成后立碑作志，亲书匾额曰“广济群生”。光绪十九年（1893年）秋，又募金重修。寺内存有古柏4株，紫薇树1株。紫薇树树龄已逾千年，据说是我国现存最古老的紫薇树。

香泉寺的紫薇树龄已逾千年，据说是我国现存最古老的紫薇树

## 登真洞

地址：两当县杨店镇，距县城约 12 千米。

到达方式：步行，自驾或乘坐出租车。

开放时间：全天开放。

门票价格：免费。

登真洞位于两当县东鸑鷟（yuè zhuó）山腰。唐武则天、玄宗时，两当人张果曾在此修道、炼丹，故当地人又称其为“张果老洞”。

《全唐诗》第八百六十卷载：“张果，两当人。先隐中条山，后于鸑鷟山登真洞往来，天后召之，不起。明皇以礼致之，肩舆入宫，擢银青光禄大夫，赐号通玄先生。未几还山。”

登真洞分左右两洞。据载，北宋元祐年间（1086—1094），陕西转运副使游师雄曾在登真洞侧修建祠堂，以资纪念。但洞、祠无额。

北宋末年，时任两当邑书吏的崔熙亲赴京都，请求朝廷赐封洞额和祠额。朝廷遂封其洞为“登真洞”，封其祠为“集休观”。大约在南宋末年，宋金交兵，道观毁于战火。元中统五年（1264年），对道观重新予以修建。后又再次被毁。经过近年来维修，洞中泥塑了张果老的卧像及白驴、巨蟒、梅花鹿，并整修了道路，修建了亭台等。现又成为人们游览的胜地。

### | 杨店古建一条街 |

地址：两当县杨店乡杨店村，距县城约 16 千米。

到达方式：到县客运站乘长途汽车前往，自驾或乘坐出租车。

开放时间：全天开放。

门票价格：免费。

两当县杨店乡古建一条街

杨店村古建一条街位于县城东，古街道南北长 285 米，始建于明代，为明清时期古建筑群，砖木混合结构或土木混合结构。2015 年 11 月 18 日入选甘肃首批历

街道两边多为明清时期古建筑

史文化街区。

### | 灵官峡森林公园 |

地址：两当县杨店乡境内，距县城约 10 千米。

到达方式：到县客运站乘长途汽车前往，自驾或乘坐出租车。

开放时间：全天开放。

门票价格：免费。

灵官峡森林公园位于县城东杨店乡，总面积 4730 公顷。园内气候温和，雨量充沛，青山环抱，苍翠可人。景区以森林景观

公园青山环抱，苍翠可人

为主体，有全国乃至世界罕见的分布面积最大、数量最多、品质最优、集中连片的白皮松林 182 万株，被列为“省级白皮松自然保护区”。动植物资源丰富，主要野生动物有林麝、红腹锦鸡、毛冠鹿、蛇类、野猪、麂子、野兔等。2002 年 11 月，甘肃省林业厅批准建立两当县灵官峡省级森林公园。

景区以峰秀水美、峡天一线、溪清滩碧而著称。

## 琵琶崖

地址：两当县西坡乡境内，距县城约6千米。

到达方式：到县客运站乘长途汽车前往，自驾或乘坐出租车。

开放时间：全天开放。

门票价格：免费。

琵琶崖位于两当县西坡火车站附近，宝成铁路从崖脚下蜿蜒而过。琵琶崖拔地而起，拥云弄岚。在千尺绝壁上，石纹纵横，交错有致，远看好像晃悠悠悬着一把硕大无朋的琵琶，似乎四弦

琵琶崖地处层峦叠嶂之中，山峰险峻，林海苍茫，云奇水秀，如诗如画

紧绷，琤琤有声，余音飘逸，使人心醉。

琵琶崖古称秦冈山，《水经注·漾水》记载“故道水又西南，入秦冈山，尚婆水注之。山高入云，远望增状，若岭纡曦轩，峰枉月驾矣。悬崖之侧，列壁之上，有神象若图，指状妇人之容。其形上赤下白，世名之曰圣女神，至于福应愆违，方俗是祈。”隋唐时期，此地是通往汉中的交通要道，山下建有“圣女祠”，唐开成二年（837 年）冬，李商隐自兴元（今陕西汉中）回长安时曾途经这里，作有《圣女祠》二首。后人不知其详，误认上赤下白之“圣女神”为“琵琶”，遂称秦冈山为琵琶崖。更有人不

《水经注·漾水》记载：“悬崖之侧，列壁之上，有神象若图，指状妇人之容。其形上赤下白，世名之曰圣女神。”

知当地建置沿革历史，认为“圣女祠”就是今武都区（辛亥革命后由阶州改称武都县）城郊水帘洞的红女祠，并演义了一段故事。

## | 黑河省级自然保护区 |

地址：两当县张家乡，距离县城约 85 千米。

到达方式：到县客运站乘长途汽车前往，自驾或乘坐出租车。

开放时间：全天开放。

门票价格：免费。

黑河自然保护区面积 4200 公顷，区内气候温和，雨量充沛，海拔 1500—2738 米。植被垂直分布明显，森林类型保持完好，从高到低依次为云杉、冷杉、红桦、华山松、白桦、辽东栎、漆树、水楸、椴树、油松等。野生动物有熊、豺、豹、麝、岩羊、红腹锦鸡、鹰等。保护区由小陇山林业实验局负责管理。

黑河峡谷景区

第五单元

# 感受你的气息
# 爱在美丽陇南

连续旋涡纹三联罐

连续旋涡纹三联罐，新石器时期陶器，生活用品。武都区角弓镇出土，属国家一级文物，现藏武都区博物馆。器物直径13厘米，底座直径6.5厘米，高10厘米。三联罐为平口微收颈，圆腹平底罐，在三腹及三底间相联，并在其间有三圆穿孔，其底为豆状空心台座，近底部饰一圈附加堆纹。三罐唇腹间施卷叶形连续旋涡纹。

陇南是中国历史上农耕文化、畜牧文化和渔猎文化交会积淀的地域。独特的区位优势、悠久的历史和多姿多彩的民族风情孕育了丰富的非物质文化遗产资源。截至目前，甘肃省已公布了三批非物质文化遗产名录，陇南入选的项目总计22项（陇南影子腔、文县玉垒花灯戏、西和春官歌演唱、康县木笼歌、两当号子、康县锣鼓草、康南毛山歌、康县唢呐艺术、宕昌羌傩舞、陇南高山剧、礼县春官歌演唱、徽县河池小曲、武都木雕、礼县井盐制作工艺、成县竹篮寨泥玩具制作技艺、康县寺台造纸术、武都三仓灯戏、武都栗玉砚制作技艺、武都角弓咂杆酒酿制技艺等）。

# 二十四、艺术华彩

## | 独具特色的武都高山戏 |

武都高山戏，又名高山剧，当地人叫“演故事”“走过场”“唱红灯”“社火戏”“哟嗬咳”等，流传于武都区北部高山地区鱼龙、

春节期间，武都区鱼龙乡高山戏演员在雪地里表演“走印”

隆兴、金厂、龙坝、汉王等乡镇以及毗邻的西和县、礼县的边界地区，是从当地民间说唱、歌舞表演、民间祭祀和传统社火中孕育、演变、发展而来的戏曲剧种。因其发源并流行于武都区西北的高山地区，1959 年 10 月定名为“高山戏”，是陇南地区特有的剧种，也是甘肃省独有的两大特色剧种之一。2006 年 9 月被列入第一批甘肃省非物质文化遗产名录，2008 年 6 月被列入第二批国家级非物质文化遗产传统戏剧类名录。

高山戏约形成于明朝初年。洪武四年（1371 年），朱元璋任命傅友德为征虏前将军，与征西将军汤和分道伐蜀。汤和率廖永忠等乘舟从长江水路攻瞿塘，傅友德率顾时等以步骑出陕西。元

武都区隆兴镇蛇崖村群众表演高山戏节目

朝覆灭后，傅友德留有部属屯驻于鱼龙、隆兴等地，后驻军及百姓为了纪念傅友德，便在今武都区鱼龙镇杨坝村的孙家沟、尹家沟和洞房沟三股水源汇合处修建大安庙（又称鱼龙寺），尊傅友德为“福神”，塑其像于庙中，并修建戏楼，每年农历四月十八为庙会。庙会时，各村把当地社火搬上舞台，用社火的小曲和当地民歌表演“故事”，后年复一年，代代相传，并融合了秦腔、川剧等戏曲元素，逐渐形成一种乡土气息十分浓厚的地方戏曲。

武都高山戏的演出场地以民间打麦场、农家院、庙会戏台、社火戏台为主，舞台演出程式一般分为“踩台”“开门帘”“打小唱”“演故事”等，其中“演故事”是高山戏的正式内容，还有带祈福、娱神性质的“圆庄”“上庙”“走印”等表演。据统计，目前保存下来的传统剧目约 40 本，音乐曲谱 240 多首，其优秀代表作有《咸阳讨账》《白玉霜》《马丞相讨亲》等。

高山戏表演讲究“四功”（念、唱、做、打）、“五法”（手、眼、身、法、步）的基本要求，角色分生、旦、净、丑，男角表演以跳步与摇头为基本动作，女角表演重于扭腰和摆肩。高山戏的语言是以西北通用语为基调，吸收陇南方言中有特色的咬字、发音和词汇，对生僻字、方言进行加工提炼，生动活泼、幽默诙谐、通俗易懂。其唱词格式比较固定，有七字两句式的对联体，有五字四句式的绝句体，有山歌体、律诗体等。大量衬词和灵活的帮腔形式构成了高山戏独特的演唱风格。

高山戏有一种叫帮腔的演唱形式尤其富有表现力，在演员演唱时观众随声哼唱“哟嗬嗨”的衬字，演员和观众融为一体，共同参与表演，颇具声势。

## 丨神秘古朴的文县傩舞“池哥昼”丨

每年正月十三至十六，文县铁楼乡白马河畔白马人聚居的村村寨寨都要表演“池哥昼”。白马人能歌善舞，“池歌昼”是他们祭神时所跳的群体性舞蹈，因其舞者头戴木质面具，人们又称其为“面具舞”。“池歌昼”源于何时已不可知，其歌词舞姿都由老人口授身教，世代相传，因在流传中没有受到外来艺术的影响，故极具原始古朴的风味。“池歌昼”因表演时头戴面具,亦称“白马面具舞”。

“池哥昼”，白马人语音。“池哥”也译作才哥、只哥、支格阿鲁、支格阿尔等，是白马人民族神话传说中的大英雄。传说，在远古时期，天上挂着七个太阳，大地没有昼夜之分，没有四季之别，万物干枯，寸草不长，荒芜一片，人间似火炉。直到有一个叫支格阿鲁的龙鹰之子降世，把七个太阳射灭了六个，只留下了一个太阳。后来，一只由鹰化成的飞马“斯木都典”，带着支格阿鲁飞向天界。支格阿鲁是人、鹰、龙一体的智慧大神，地位极高。白马人山寨每年正月都要举行“池哥昼”活动,以祭拜大英雄“池哥”（白马人称之为“山神”）。“昼”，也是白马人语音，跳舞、跳神的意思。这是至今还遗存在白马人生活中古老的祭祀舞蹈。

“池歌昼”活动通常于每年正月十三开始，十六结束。期间，他们要走遍各个村寨,载歌载舞,通宵达旦。白马人跳“池哥昼”，一是敬神请神、撵鬼驱邪；二是演示白马人的生活与祖先的历史。

文县铁楼乡白马人“池哥昼”表演

“池歌昼”开始的那天，由村寨会首主持。上午十时左右，鸣炮三响（用装有土制火药的三眼铳），宣布“池哥昼”活动正式开始。扮相滑稽的“知马”大呼三声，于是，舞队便跳起了强健有力的舞蹈。“池哥昼”队伍按惯例从传统的地点起步，先绕村一周，接着从寨子的最高处开始，由东向西，自上而下，挨家逐户表演。

“池哥昼”进入各家拜贺时，主人以鞭炮相迎，摆上肉菜，拿出咂杆酒盛情款待，并和歌手们一起对唱酒歌，此时，锣鼓齐鸣，震天动地，歌声笑声汇成一片，显得十分欢快热闹。

舞蹈队伍一般由男性九人或十人组成，表演者头戴面具，有“池哥”“池姆”“池玛”“知嘛”（猴娃子）和“趴贵”（野猪）角色。其中四人扮成山神，叫“池哥”，为四弟兄，象征白马人祖先达嘎、达玛的四个儿子，是主要角色，四人头戴青面獠牙的木雕彩绘面

头戴面具的表演者从寨子的最高处开始，由东向西，自上而下，挨家逐户表演

具，反穿羊皮袄，背负一串铜铃，足蹬牛皮靴，头顶插有锦鸡毛和用黄红纸做成的纸花，身后还拖着一条用羊皮卷成的尾巴，形象凶猛。“池姆”二人，身着妇女盛装，头戴木雕女性面具。“池歌”一人右手持宝剑一把，左手拿牦牛尾做成的拂尘一把，另外三人右手各持一把砍刀，左手各拿一把拂尘。“池姆”不拿任何道具。

当全寨诸户拜贺完毕，已是午夜时分了，热闹了一天的寨民又点燃火把上山迎来“五谷神”，于是，“池歌”又和全寨男女老少手挽手、肩并肩跳起了“圆圈舞”（即锅庄），直跳到火把全部熄灭，才结束舞蹈。随后便来到寨边或沟边神地祭祀神灵，这时，“池歌”卸妆，摘下面具，全寨男女老少齐跪地上，由会首点燃香烛纸钱，面向西跪拜叩首，祷告四方神灵，保佑全寨新的一年六畜兴旺，五谷丰登，寨民安康。

“池哥昼”表演结束的深夜，全村男女老幼护送“池哥昼”前往祖先相传的圣地，该仪式名曰“送神”。送完神后，“池歌”手持面具回寨了，他们在路上又唱起了古老的民歌：“桃树发芽了，桃树快要开花，回寨子走亲戚的姑娘们，该回去了，家里正等着你们回去打坷拉呢。”

“池哥昼”是文县白马人的一种用于祭祀的传统民间面具舞蹈，属于傩舞的范畴。2006 年 5 月被列入第一批国家级非物质文化遗产名录。

## | 历史悠久的西和县乞巧节 |

乞巧是我国流传甚广、历史悠久的古老民俗。乞巧，也写作祈巧，每年农历七月初七，村里的姑娘们欢聚一起，载歌载舞，乞求巧娘娘（即织女）下凡显灵，赐予她们聪明智慧和女红技巧，表达了农村少女对智慧的渴望和对未来美好生活的向往。据史书记载，早在1000多年前的唐朝，这种风俗就在妇女中广泛流传了。

乞巧中的“巧娘娘”据传是王母娘娘的女儿织女，又名七仙女，善织“云锦天衣”。西和县乞巧习俗分布在西汉水沿岸的西和县长道镇和礼县永兴镇一带，每年从农历六月三十拉开序幕，各村妇女们用七天八夜的时间（七月初七深夜结束）进行坐巧、迎巧、

西和县石堡镇姑娘们欢聚一起，载歌载舞，乞求巧娘娘（即织女）下凡显灵，赐予她们聪明智慧和女红技巧

祭巧、拜巧、娱巧、卜巧、送巧七项仪式。每个环节均有歌舞相伴，又有几个各具特点的程式，其中大量的乞巧唱词、曲谱、舞蹈以及诸多与生活相关的服饰装扮、巧娘娘像和五谷供果制作等手艺在民间世代相传，极具观赏性。

七月初一，姑娘们将巧娘娘贡在正屋的中庭，周围摆好豆芽菜、瓜果、油炸果子等，便右手持折叠纸扇，左手拿纱巾，或两个一组，或四人一组跳起了乞巧舞。舞者一律脚穿彩鞋，身着绣花衣裤，腰围绣花裙，迈着秧歌舞步来回穿插，不断变换队形，边跳边唱。七月初三以后，姑娘们分作两班，一班留在家里接待来访姑娘，一班则用木盘端上豆芽菜和瓜果，去邻村拜访，互出节目，斗智斗技，交流技艺，增进友谊。

七月初七，是节日活动的高潮。正午，姑娘们到村口取神水，她们将供果放在窗口，然后唱起《迎水歌》，歌罢，将泉水盛入瓦罐，用核桃叶封好罐口。取回水，就准备“照花瓣”了，据说，豆芽菜折射在水中的投影，可以预卜姑娘未来的恋人和生活。

乞巧歌主要以娱神（巧娘娘）为目的，歌词有传统和新编之分，一般表现包括天象崇拜、偶像崇拜、五谷植物崇拜、动物崇拜、水神崇拜等神灵崇拜，对心灵手巧、对美好姿容风度的乞求，对真挚爱情、自由婚姻、幸福生活的追求以及对历史人物、传说故事的颂扬和劝人向善、劝人和谐相处等一些内容。曲调也有正歌与副歌之别，包括祈神祭祀类、生活劳动类和历史时政类三种。乞巧歌除了节前排练外，仅限于乞巧节上演唱，属于民歌的范畴，

乞巧活动开始时，姑娘们要举行迎接“巧娘娘”仪式

是西和县一代代姑娘们集体创作的结晶。

西和县的乞巧民间风俗，被称为中国古代乞巧风俗的“活化石”。2005 年 9 月，西和县乞巧节被甘肃省政府公布为第一批省级非物质文化遗产保护名录。2006 年 12 月，西和县被中国民间文艺家协会命名为“中国乞巧文化之乡”。2008 年 6 月 14 日，西和乞巧节入选全国第二批非物质文化遗产名单。

### | 内容丰富的陇南影子腔 |

陇南影子腔，又名“灯调”或“梅花腔”，是甘肃特有的地方剧种之一。源于用兽皮刻画人形，借灯光在纱幕上显影的民间皮影戏，其历史悠久，流传很广。陇南影子腔最早发源于西和、礼县一带，清朝康熙、道光年间在徽县、成县一带也广为流传，已有 300 多年的历史。

陇南地区自然地理特殊，山大沟深，交通不便，群众居住也比较分散，由于舞台演出条件的局限，当时流行于关中、秦州一带的“大戏”秦腔，不大适应山区。在这种情况下，为满足山区群众对文化娱乐活动的需求，民间艺人在原皮影戏、木偶戏腔调的基础上，吸收了当地民间小曲、鼓乐、说唱等形式，又借鉴秦腔、川剧的一些特点，逐步形成了风格独特、适宜山区演出的陇南影子腔，腔调介于秦腔和眉户、道情之间，属于北方梆子剧种。由于在演唱时有时直接采用当地流行的秧歌曲调，有时又套用民间鼓乐曲牌，因而有人说陇南影子

陇南影子戏艺人表演传统节目

腔是陇南秧歌剧。

陇南影子腔剧目题材十分广泛，内容极其丰富，除流行的传统剧《游龟山》《十五贯》《斩秦英》等，还有许多以历史故事、神话传说为题材的剧目，或者赞颂为民除害的英雄，或者表现忠贞不渝的爱情。中华人民共和国成立后，有关部门对影子腔做了大量的发掘、搜集、整理和改造、提高工作，创作了许多反映陇南农村现实生活的现代戏和新编历史剧，并作为正式搬上舞台的新剧种，多次参加了全省的戏剧会演。

历史上的西和影子腔有专门进行演唱的皮影戏班，如石堡乡包集村、稍峪乡白杨树村、洛峪乡康河等村的戏班，剧目丰富，传承悠久，享誉陇南。

2006 年 9 月被列入第一批甘肃省非物质文化遗产名录。

## | 特色浓郁的陇南花灯戏 |

陇南花灯戏又称“戏灯”，民间小戏剧种，主要流行于文县玉垒、碧口一带，故又称玉垒花灯戏。因为花灯戏演出时台前台后挂满各种彩灯，彩灯歌舞交相辉映，“花灯戏”由此得名。

陇南花灯戏约形成于明万历年间。据史料记载，现在文县玉垒坪居住的袁氏家族，在明中期为避兵乱从四川酉阳迁来此地，他们不但带来了四川的民风习俗,也带来了家乡的“戏灯”艺术。每年农历正月初二到十六，戏楼都要连演十多天灯戏。灯戏的影响逐渐扩大，玉垒附近的李家坪、冉家坪、魏子坪及碧口镇的仓头山等地，也先后创办了灯戏戏班。

陇南花灯戏源自四川的“灯戏”,其剧情比较简单,人物不多,唱腔也较单一。传入文县后，经过一代代民间艺人辛勤的创作，其不断丰富完善，在表演程式上借鉴了秦腔、川调的特点，唱腔上吸取了陇南民歌、当地小曲等音乐曲调，剧情趋于复杂，剧中人物增多，唱腔也更加优美，使花灯戏从最初的秧歌剧中脱胎而出，生、旦、净、丑角色齐全，形成了独具一格的陇南花灯戏。

花灯戏剧目取材广泛，较多源于民间日常生活和爱情题材，也有不少神话传说和历史故事题材。玉垒坪的花灯戏业余剧团现有 40 多本(折)剧目,传统剧目有《再世姻缘》《百花楼》《铡美案》《柜中缘》《游龟山》等。新编秦腔现代戏有《三世仇》《春满人间》《茶山春早》等，其中有些剧目是其他剧种失传了的，是珍贵的

陇南花灯戏又称“戏灯”，主要流行于文县碧口玉垒村一带，故又称“玉垒花灯戏”

戏剧资料。

玉垒花灯戏演出时间一般从农历正月初二到正月十六，在神庙戏台上演出,祭祀祖先神灵,娱神娱人,以示喜庆。演员扮演生、旦、净、末、丑五个行当，扮戏主要用“三块瓦”的勾法勾画脸谱。红脸、黑眉入鬓，白鼻梁通顶，丑角只勾鼻窝和嘴角，也有些戏中不勾脸谱而使用木制面具。

陇南花灯戏在中华人民共和国成立后受到当地政府和上级文化部门重视，多次参加省地县文艺调演，创作出了《茶山新春》《春满人间》等现代题材的花灯戏，剧目不断丰富，唱腔日趋优美，表演技巧不断提高。2006 年 9 月被列入第一批甘肃省非物质文化遗产名录，陇南花灯戏已作为一个独立的地方剧种屹立于甘肃戏坛。

### | 粗犷剽悍的羊皮扇鼓舞 |

羊皮扇鼓舞是古代氐羌民族遗留下来的一种民间舞蹈。羊皮扇鼓舞主要道具为羊皮扇鼓，扇鼓其形似扇非扇，周边以铁圈铸成，鼓面蒙羊皮，下有握柄，柄上缀以数枚形似古币的铁环。舞时左手执鼓，右手执一细软皮制小槌，边舞边敲鼓面，其间上下摇动，使鼓音与铁环撞击声浑然一体，音声清脆嘹亮，动作粗犷剽悍。一般用于祈禳、祭祀，源于原始社会巫术表演活动。随着时代的变迁，羊皮鼓逐渐发展到有了舞蹈套路，成为表现劳动人民欢快情绪的娱乐活动。

羊皮扇鼓舞在文县、武都、康县、成县索池、徽县江洛、西和县西高山等地均广泛流传，其中西和县石峡镇羊皮扇鼓舞传承

西和县石峡镇羊皮扇鼓舞表演

久远，形成一整套娱乐表演形式，成为陇南羊皮扇鼓舞的典型代表。司职者称为“师家”（即巫师），男者为“师公”，女者为“师婆”，当地也将羊皮扇鼓舞称为“师公舞”。随着社会发展，羊皮扇鼓舞已经从原始的祭祀、跳神中脱胎出来，演化成为原生态舞蹈，在欢庆丰收、逢年过节时，由群众自发组织表演。

### | 粗犷豪放的两当号子 |

两当号子主要流行于两当县南部地区深山林区的站儿巷、云屏、泰山、广金等乡镇。据史料载，清乾隆末年，湖南、贵州的苗族起义，嘉庆元年（1796 年）的湖北白莲教起义以及后来的太平天国运动失败后，一大批来自湖广地区（今湖北、湖南）的义军为逃避清兵的追杀，相继进入陕、甘、川交界地区的荒山密林中，采木搭棚、挖坑筑炕、吊罐做饭、火塘取暖，从事耕种、狩猎、挖煤、冶铁的生计，被当地人称为“棚民”或“湖广广”。他们将湖广地区的号子与本地的民间小曲调子相结合，便产生了声音高亢粗犷、调式丰富、音域宽广、节奏自由的两当号子。

两当号子有“花号子”和“排号子”两种。“花号子”是一种没有唱词，只用“咦、哟、哎、咳、啊、嗬、呀”等虚词来演唱的号子，其曲调高亢，音域宽广，旋律跳跃的幅度大，音调变化多，在民间演唱的曲目较多。“花号子”又可分为“唢呐号子”和“鸡公号子”两种。“唢呐号子”是歌手用声音模仿唢呐吹奏的音调而演唱的号子，如在两当南部流传甚广的《大唢呐号子》《画眉鸟儿跳架上》等曲目。“鸡公号子”是歌手模拟公鸡报晓啼鸣的声音来演唱号子，有独唱、对唱、领唱、齐唱、合唱等表演形式，如《大鸡公号子》《生鸡公号子》等曲目。“鸡公号子”的对唱极为有趣，双方歌手站在山坡之上，一问一答地对唱，有时连续几天对唱打擂台，直到有一方唱得张口结舌，甘愿服输，方才罢休。

“排号子”有唱词，其歌词大多是即兴编唱的，曲调比“花号子”要低一些，旋律幅度的跳跃变化较小，也是当地较为普及的一种号子。“排号子”分“拉箱号子”和“山歌套号子”两种形式，一般都与当地人们的生产生活密切相关：明清以来，一些外地客商在当地山林中开办许多炼铁厂、采矿场，采矿冶炼过程中，需要很大的风箱向炉内鼓风，当四至六人合力推拉风箱时，他们手拉风箱，口唱号子，于是“拉箱号子”便应运而生，如现在幸存的《箱夫子歌》。而“山歌套号子”是当地歌手在长期的民歌演唱活动中传唱的号子，属地道的两当“土”号子。

两当县南部地区群众演唱两当号子

1957年，两当号子曾作为甘肃民间歌曲赴北京参加全国民间歌曲会演。1975年，两当县业余文艺演出队以两当号子为基调创作的男声小合唱《丰收号子飞满山》，女声独唱《银耳献给毛主席》参加省地两级文艺调演，被评为优秀节目。

### | 情感质朴的康南毛山歌 |

康南毛山歌主要分布在康县南部地区的阳坝镇、两河镇、白杨乡、铜钱乡、三河乡等地。在旧社会，康南地广人稀，四川、陕西毗邻地区的穷苦百姓逃荒避难，逐渐逃到这些深山老林来谋生，处在社会的最底层，他们在田野劳动时为抒发情感，常即兴演唱歌曲，歌词内容广泛，曲调简短易唱，情感质朴，节奏自由。中华人民共和国成立后，翻身做了主人，就唱出对新生活的向往。

毛，当地方言“小”之意，毛山歌即小曲小调。

康南毛山歌有独唱、男女对唱、合唱，基本内容有唱旧社会

康县阳坝镇群众演唱毛山歌

广大百姓苦难生活的，有揭露地主阶级压迫穷苦人民的，有反映劳动生产的，有反映忠贞爱情的。康南毛山歌没有歌本，在生产劳动和生活中，即兴演唱。随着老一辈歌手相继去世和现代流行音乐的冲击，康南毛山歌也面临着难以延续的尴尬局面。

2007 年康南毛山歌被甘肃省人民政府公布为第二批省级非物质文化遗产保护名录。

# 二十五、民俗风情

## | 独特的文县“白马人”民俗风情 |

在文县南部崇山峻岭中有一条白马河，河两崖山寨中居住着一支十分神秘的民族，人们称他们为“白马藏族”，但他们却自称“达嘎尼”，意即“白马人”。据悉，除文县铁楼乡外，文县的石鸡坝乡、上丹乡和四川平武县的白马乡、南坪县的双河乡也有白马人集居，总人数约 2 万人。

白马人的语言、宗教服饰、信仰和婚俗习惯十分独特，与邻近村寨的藏族大不相同。白马人的语音属汉藏语系藏缅语族的彝语支，语汇丰富，语法特殊，单辅音有 40 个，复辅音有 7 个，单元音有 13 个，鼻化音 8 个，复元音 16 个，比藏语复杂。

白马人信奉原始神祇，认为天、日、月、星、风、雨、雷、山、水、火、土、石、五谷都有神，最崇敬的神灵是始祖神盘瓠爷。不信藏传佛教，不念经，没有寺院喇嘛，不敬献哈达，没有手摇

白马人妇女传统服饰“彩服”，艳丽多彩，制作复杂，独具特色

转经轮之类。宗教祭师称“白莫”“北莫”，专门从事祭祀、敬神、驱鬼和“池哥昼”等活动，他们地位很高，参与白马人生产、生活、社会、文化的各个方面。白马人寨子一般由几个家族构成，每个家族都供奉有自己的家神，为画有神像的布质神案，过春节或祭祀时在正厅中间挂开，平常供在族长家神桌上。家神主要包括了族人信奉的山神和先祖中的杰出人物等。

白马人的服饰也很特别，男人头戴白色毡帽，他们称其为“沙尕”，上插锦鸡毛和白公鸡的翎毛，身穿白土布衣裤，腰间束带，膝下裹绑腿；妇女平时穿大襟紧身长袍褂，上有手工刺绣的花形图案，叫“便服”。节日时则穿上用各色布条缝制的百褶裙，制作复杂，艳丽多彩，叫“彩服”。头上缠黑色纱帕，头和胸部还佩戴银白色“鱼骨排”（砗磲片），腰系黑围裙，扎黄、红、绿各色腰带。不分老幼，均喜戴耳环、手镯、戒指等装饰品。

白马人的传统房屋是“吊脚楼”，一楼养牲畜，二楼住人，三楼存放粮食。火塘位于房屋中央，是十分神圣的地方，不能向火塘吐唾沫，不能踩火塘上的三脚支架，也不能在上面烤鞋袜；神龛、神柜，代表神灵与祖先，绝对不能坐人。无论男女座位，靠东方位尊，往西递降。家人按年龄（不依辈分）依次就座。晚间一家人围火塘而睡。

白马人饮食上喜饮咂酒、泡酒，吃腊肉（猪肉熏烤腌制），家里不贮藏腊肉，视为不富裕。尤喜食小块的连骨腊肉，象征亲友骨肉相连。不吃马、骡、狗肉。馍馍忌叫作馒头，因“馒”与“蛮”谐音，为白马人的大忌。每顿饭前，要举行简单的敬祖仪式。

白马人一般不与其他民族通婚。本民族通婚规范严格，如同姓五代之内不得通婚，妇女丧夫三年之内不得改嫁，父母不同意不得通婚，婚前青年男女可自由交往但婚后不得越规等。

白马人喜好唱歌跳舞，每年的正月十三至十六，在文县的白马河流域，白马人的各个村寨都要跳“池哥昼”（音译，也写作“尺个周”或“知个”），也有人称“鬼面子”和“十二相”。“池哥昼”是一种传承古老的驱邪祭祀祈福活动，场面宏大，热闹非凡，是白马人一年之中最隆重的集体娱乐活动。

由于白马人没有文字，也没有文献记录，因此，对于他们的族源族属问题，学术上一直在研究探讨。20 世纪 50 年代初，由

白马人的传统房屋是“吊脚楼”

于其与甘肃甘南和四川阿坝地区藏族群众比邻而居，被确认为藏族，但其语言、宗教、饮食、服饰、习俗等与藏族差异甚大，心理上也不认同。因而有些学者联想历史上汉代此地曾有白马氐族人生存，南北朝时期氐人也曾在此建地方割据政权阴平国，就认定他们为古白马氐族后裔。但是，此种观点没有充分可靠的史料支持，也没有考古资料证明，而且早在公元 580 年，阴平国为北周所灭之后，氐族逐渐融合于汉族之中，最终消失了。不可想象，没有政权的强力保护，氐族的语言、宗教、服饰、饮食、习俗等民族基本特征能够历时 1400 多年而保持不变。更重要的是没有证据证明现在白马人的语言、宗教、服饰、饮食、习俗等民族基本特征与古代氐族是相同的、一致的，所以，所谓“白马人是氐族后裔”的观点是不成立的。隋唐以后对白马人记载最详细可靠的古代文献是清乾隆《皇清职贡图》，其中记载:“文县地连秦蜀，所辖番民，盖亦苗蛮之一种，与西陲诸番不同，居县属之下舍书、英坡山等处，明时设王、马二百户分领之。至本朝雍正八年改土归流，按地输粮，由县征解。男帽插鸡翎。每农事毕，常挟弓矢以射猎为事。番妇以布抹额，杂缀珠石，衣五色褐布缘边衣，近亦多有效民间服饰者。颇勤。”文中所说：“文县番民”与“西陲诸番不同”“盖亦苗蛮之一种”十分重要,说明他们并不是当地“番民”，而是“苗蛮”。清康熙十四年（1675 年），“三藩之乱”后，吴三桂为补充兵力，从云南、贵州地区征召了数万少数民族武装“猓猓”（苗彝）援助甘陕战场，先后参加秦州之战和平凉之战。叛乱平息后，这些人无法返回云贵，遂隐入甘川交界之处的文县、平武县等地山林中，被当地人称为“苗蛮”“南蛮”或“蛮子”，距今已近 350 年,虽历经苦难,仍顽强地生存下来。他们以血缘（家族）关系为基础，依靠团结、勇敢、勤劳等品质，保护和继承了本民族的语言、宗教、服饰、饮食、习俗等基本特征，形成了今天的“白马人”，意即白马河（古称白马水、白马峪）流域的人，自称“达嘎尼”（达嘎，意为白马河；尼，意为人）。中华人民共和国成立后，因“猓猓”“夷人”“蛮夷”等词带有贬义，遂以鼎彝之“彝”作为统一的民族名称。白马人语言、宗教、服饰、饮食、习俗等基本特征，以及其歌谣、传说、故事，与彝族基本相同（如“白莫”即“毕摩”，“池哥”即“支哥”等等），据此可以确定，

白马人宗教祭司“白莫”主持村寨“池哥昼”活动

他们就是当年来自云贵苗彝的后裔，正如他们山歌中所唱的“我们骑着马拿着刀，不远千里征战到此”，他们的民族属性是彝族。

## | 宕昌县藏羌民俗风情 |

宕昌地区古代为羌民族聚集区，现宕昌藏族民俗风情传承于古羌族。

“祭山会”和“羌年节”　宕昌藏羌民族最隆重的民族节日为“祭山会”（又称转山会）和“羌年节”（又称羌历年），分别于春秋两季举行。春季祈祷风调雨顺，秋后则答谢天神赐予的五谷丰登，实际上是一种春祷秋酬的农事活动，却始终充满浓郁的宗教色彩，更折射出远古神秘文化的光辉。

举行祭山会的时间各地并不统一，有正月、四月、五月之分，亦有每年举行 1 次或 2—3 次不等，祭山程序极为复杂，所献牲因各地传说不同、图腾不同而有差异，大致可分“神羊祭山”“神牛祭山”和“吊狗祭山”三种。大典多在神树林一块空坝上举行。一些地方祭山后还要祭路三天，禁止上山砍柴、割草、挖苗、狩猎等。羌年节于每年农历十月初一举行庆典，一般为 3—5 天，有的村寨要过到十月初十。按民间习俗，过羌年时还愿敬神，要敬祭天神、山神和地盘业主（寨神）。全寨人要吃团圆饭、喝咂酒、跳莎朗，直到尽欢而散。整个活动仪式由“许”（巫师，汉语称端公，羌语称“许”“释比”，尊称“阿爸许”）主持，咂酒则由寨中德高望重的长者开坛。

藏羌服饰　宕昌藏羌民族的服饰较为朴素，男人喜着青色或白色头帕，穿自制的麻布长衫，外套一件无袖子的羊皮褂子，这种褂子可用来防寒、挡雨、垫坐。脚穿有鼻的“云云鞋”（羌绣布鞋），鞋子绣有云彩图案及波纹，鞋尖微翘。腿上裹牛、羊毛制的毡子绑腿，绑腿有保温和护腿的作用。年轻女子还在绑腿上缠红脚带子，男女皆束腰带。

藏羌妇女亦喜缠青色或白色的头帕，青年妇女常包绣有各色图案的头帕或用瓦状的青布叠顶在头上，用两根发辫盘绕作髪。一般冬季包四方头巾，上绣各色图案，春秋季包绣花头帕。穿有花边的衣衫，衣领及袖口上镶梅花形银饰，腰系绣花头帕，系有花边的绣花飘带；喜戴银牌、领花、耳环、圈子和戒指等饰物，

宕昌县化马乡为古羌地。右图为身穿藏羌服饰的羌寨藏族少女

富有人家还在戒指上镶嵌玛瑙、玉石及珊瑚，有的胸前佩带椭圆形的“色吴”，上用银丝编织的珊瑚珠，用来祈求佑福增寿。在靠近汉族和城镇附近的羌族人民，受汉族服饰影响，多着汉装，节假日才穿本民族服饰。

藏羌服饰多以自产的火麻经加工后纺线织成，俗称“麻布衫”，或以牛羊毛吊线后织成，亦有布衫，以青色为多。腰间男束腰带，女束花围腰。藏羌妇女的挑花刺绣工艺精湛。

住房饮食　生产生活习俗大多停留在农耕文化阶段，所居之处，吃饭穿衣，自种自收，自给自足。住房“依山居之，垒石为室”，一般依地取材，用石块砌成，有二、三层之分，多为平顶房。房背用黄泥夯实挡雨，略有倾斜面以利排水。两层房加修牲畜圈、茅厕；三层房底层为畜圈，房屋之间用一独木梯相连。三十、五十房聚为一寨，即为羌案，分别坐落于高半山和河谷地带，鳞次栉比，蔚为壮观。

粮食以自产的玉米、小麦、豆类、洋芋及蔬菜为主，饮食主要有蒸蒸饭、烧馍馍、刀片子馍馍、面皮子（面块）、麦拉子（面汤）、洋芋糍粑等。特色食品为蒸蒸酒、血馍馍等。普遍抽自产的兰花烟。

藏羌婚丧　婚姻实行一夫一妻制。男到女家不受歧视。结婚生子后有送祝米和喝满月酒的习俗。历史上有“指腹亲”“娃娃亲”“掉换亲”“抢亲”等习俗。订婚又有“女花夜”“正酒”“谢客”“回门”等程序，极为隆重。

丧葬除火葬外，有土葬、露葬、岩葬等习俗。

藏羌文化　藏羌族方言多、土语杂，民歌原始古朴，属民族调式，多以二乐句、四乐句构成单调曲式结构，调性倾于明朗大调色彩，旋律流畅。

藏羌山歌多是即兴演唱，音域较宽，调子高亢，且较自由，因而旋律较特殊，以独唱为主。情歌以对唱和独唱为主，乐句结构完整，音乐形象集中，词意富于比兴，很易上口。劳动歌是羌族历史上最早的歌，歌词中多以“咳、嘞、哟、嗒衣、哦、罗”等为衬词。生活中的婚、丧、喜庆、节日、请客、迎宾都离不开咂酒。酒歌有齐唱、对唱、独唱。

巫师“苯苯”（宗教职业者）诵念《苯苯经》（即古“夷经”，

宕昌县城关镇鹿仁村宕羌傩舞表演

也叫《曲经》)，主持请神、驱邪、招魂、安葬等活动，行法术祈佑风调雨顺、五谷丰登、六畜兴旺、族民健康。

苯教是青藏高原的本土宗教，是藏族文化的起源。近年，宕昌发现大批藏族家藏手抄本古藏文苯教文献，是研究藏族原始宗教和文化极其重要的历史文献资料，尤其是研究公元7—9世纪乃至公元5—6世纪以前藏人的思想、哲学、宗教、政治、军事、经济、文化等方面弥足珍贵的资料。

藏羌傩舞　俗称“脑后吼”“牛头马面舞”“雄猛舞”，古称“羌巴舞”，是宕昌县城关镇官鹅沟、新城子乡大河坝沟以及临江、簸箕等乡的一些藏族村寨里居住的木家族人表演的一种舞蹈。“宕羌傩舞”源于宕昌古老藏羌民族的宗教祭祀活动，是由祭傩发展而成的傩舞，是一种宗教祭祀舞蹈，属傩文化的一种，有着十分悠久的历史。

藏羌傩舞舞队由 15 人组成，都是男性，其中乐队 5 人，演员 10 人。表演时队形分两排，前排 5 人，领舞者称老大名“贡巴”（其属相必须和当年的属相相同），头戴熊皮帽，上插锦鸡尾羽，身穿黑色长袍，胸前挂玛瑙串珠，左手拿翻天印，右手执拨云剑；老二名“苟巴”，头戴毡帽，身穿蓝色长袍，左手拿铜碟铃，右手执拨浪鼓；老三、老四、老五各戴“五方佛冠”，手执挂珠、碟铃牙和牛角号。后排 5 人分别戴牛头、马面面具，身穿皮袄，腰间系一颗大铜铃，双手执木刀。舞蹈动作以腿部为主，双腿屈膝形成半屈蹲状，双手执兵器和法器，随着音乐的节拍，屈膝抬脚拧身，连续循环，组成一组舞蹈。单调的动作，配上简朴的节拍，更显出舞蹈的原始、粗犷、古朴。每逢他们的民族传统节日或重大宗教祭祀活动，都要组织跳羌傩舞。

### | 康县南部男嫁女娶习俗 |

在康县南部山区一直保持着女娶男嫁的婚姻习俗。与传统意义上汉族的“倒插门”不同，康县的女娶男嫁，不是少数民族风俗，而是汉族婚俗。康县太平、阳坝、托河等乡镇，各家基本都是“留女不留男”，男孩都得“嫁”出去。而男子被“娶”到女方家里之后，一般都要改换“出嫁”前的姓氏，随同女姓，以确定女性在家庭中的主导地位。

这种独特的女娶男嫁婚俗，主要有两种形式：一种是“男到

在康县南部山区一直保留着“女娶男嫁”的婚姻习俗

女家，更名入籍”，即男方“嫁”到女方家后，按照女方家族的姓氏辈序改名换姓，和女方同为族内成员。因而，在现今康县南部人家的户口簿上，所登记的户主都是女性。倘若双方婚姻破裂，如果是男方提出离婚的，则来是一个人，去也是一个人，不得带走儿女和财产；如果是女方提出离婚的，财产则男女双方各分一半，儿女男方亦不得带走。另一种则称之为“二门俱开，两来两去”，婚后男女双方均保留原有姓氏，男女都有继承双方父母遗产的权利和赡养双方父母的义务。若婚后生育两个子女，男女双方名下各一个，各自顶门立户；若婚后只生育了一个孩子，则由双方商议确定姓氏，一般倾向于女方。若男方家庭条件较好，婚后进入女方家庭时一般都带有一定数量的财产，相当于“嫁妆”，男方则对这部分财产具有支配权，故叫作“带财入舍”，若婚姻发生变故，这部分财产仍归男方所有。

这一婚俗形成的原因，主要有两种说法：一是与康县南部地区的地域环境有极大的关系。康县南部山高林密，人烟稀少，野兽出没，为保护自身安全和财产不受侵扰，一些无子女户或有女无儿户便想办法从远方招来女婿。世代相传，逐渐形成了女娶男嫁的婚姻习俗。另一种说法是，此地山大沟深、地广人稀、土地贫瘠，劳作十分辛苦，为了增加劳动人口，有女户便主动招青壮年入赘，以确保人丁兴旺。传说当年太平天国流落人员就纷纷入赘当地农户，以男嫁女娶的方式改名换姓隐藏下来。这里的老百姓都有缠头、束腰、绑裹脚等习惯，颇似苗族、土家族等少数民族遗风。

在邻近康县南部的武都区裕河乡一带也有“女娶男嫁”的婚姻习俗。

## 古朴悠扬的文县土琵琶弹唱

土琵琶弹唱是文县中路河一带的民众用自制土琵琶演唱的一种自娱自乐民间小调，主要流行于文县中寨、马营、石鸡坝及四川九寨沟县等汉族地区，几乎家家户户都能弹唱。据史料记载，文县历史上曾经有过大量的移民活动，中路河一带比较富裕，生产条件好，是外来移民的首选之地。随着各地移民的到来，各种小曲也流传到了这里，特别是山西、陕西民歌和四川音乐的并

文县土琵琶弹唱表演

行流传，与当地民歌小调融合，逐渐形成了富有特色的土琵琶弹唱。四川九寨沟县旧称南坪县，故其土琵琶弹唱又称为“南坪小调”。

土琵琶由当地农民自己手工制作，制作时先选好一块优质椿木或椴木，加工成鱼肚状土琵琶的雏形，然后用锯片解下一块厚约三毫米的木板作为盖板，并将余下部分挖空，制成共鸣箱，再将盖板钉上去，盖板上留有月牙形透气孔两处。其造型与敦煌壁画中的“反弹琵琶”中的琵琶非常相似，上方为一个五六十公分长的“长把”，下方是一个宛若梨形的共鸣箱，有三根钢弦，其中外面的一根叫“子弦”，里面有两根称“唧弦”，两根内弦同音同高，发音清澈透亮，颇具艺术感染力。土琵琶琵琶柱下六频也要挖空，柱上粘有九频，上三频稍宽较长，下六频稍窄而短，系有丝弦三根。内弦称为子弦，音色尖细高亢；外弦称为昂弦，音色沉重宏亮。

土琵琶弹唱是当地群众的主要娱乐活动，主要在新春佳节或婚丧嫁娶时演唱。当地男女老少都会土琵琶弹唱，演唱形式颇多。表演的时候，一般分为独奏和合奏。演奏时，主人煨上咂杆酒，众人围坐在火塘四周，或自弹自唱，或你弹他唱，更多的则是群体弹唱。弹唱乐器除土琵琶外，还有二胡、三弦、笛子、瓷碟、竹瓦、碰铃等乐器伴奏，音乐悠扬，唱腔婉转，极具地域特色。土琵琶弹唱时，还以敲打瓷碟、“四页瓦”（两对小竹板）为伴奏，歌手们用文县的方言声调弹唱，歌词通俗生动，风趣诙谐，乡土气息非常浓厚，深受群众喜爱。

2015 年举行文县“千人土琵琶弹唱”活动，被上海大世界吉尼斯总部认证为规模最大的土琵琶弹唱。2017 年，文县土琵琶弹唱被甘肃省人民政府公布为第四批甘肃省非物质文化遗产。

## 二十六、民间社火

陇南由于地处南北文化的交汇地带，因此，陇南社火也受到秦陇文化和巴蜀文化的深刻影响，内容十分丰富，形式多姿多彩，深受广大城乡群众的欢迎。

陇南社火具有浓郁的乡土气息和地方特色，充分反映了当地的民俗风情和人们的精神面貌。每年的农历新年期间，各地的民间社火、花灯活动众多，融合了川剧、秦腔特点的花灯戏、高山戏生动活泼，是人们喜闻乐见的曲艺表演。

从时间上讲大部分地方是正月十五闹社火，但是也有从正月初二或初八开始一直闹到二月二“龙抬头”的。有时逢重大节日、重要集会或遇特大喜事也闹社火。

陇南社火具有浓郁的乡土气息和地方特色

从表演性质上讲，有舞蹈、戏剧、杂技、武术、秧歌等。从种类上讲，有踩高跷、狮子舞、龙舞、划旱船、铁芯子、大头娃娃舞、倒骑驴、推车、秧歌等。有些和其他地区基本相同，但有些则具有浓郁的地方特色，从内容和形式上都别具一格。每年农历五月初一到初六的藏族采花节、农历七月初七的乞巧节，还有白马藏族同胞的“面具舞”等活动将民族特色与神话故事融合在一起，无一不是精彩纷呈，各具特色。

**｜龙舞｜**

龙舞，也称“舞龙”，民间又称“耍龙”“耍龙灯”或“舞龙灯”，是普遍流传于我国各地的一种民间舞蹈形式。龙舞的表演历史悠久，史书记载，汉代时人们就舞起青、赤、黄、黑各色长龙祈雨。龙舞也是陇南城乡各地逢年过节必备表演节目，久盛不衰。西和县汉源镇、武都区城关镇及文县中寨乡、桥头乡的龙舞更是久负盛名。文县中寨乡兴隆村舞龙表演形式多样，最有代表性，主要节目有《盘龙石》《卧龙岗》《龙展爪》《龙啃虱》《皇富阵》《八仙过海》《孔明接书》《药王点眼》《鲤鱼跃龙门》《双喜临门》《风调雨顺》等。表演时有黄、青两条龙，黄龙代表帝王，青龙代表帝后，每条龙身为9节，每节长3米，全长为27米。

西和县汉源镇农民表演龙舞

龙舞表演的龙头用木架制作雕刻而成，龙身用竹篾扎成，有五、七、九节不等，外披彩布，画有鳞甲，每节都有灯烛照明。表演时一人掌龙头，数人掌龙身；一人扮演武士手持彩珠在前戏逗，做出上下翻滚、蜿蜒起伏、盘旋前进等动作。表演时，锣鼓齐鸣，伴以火炮、烟花，场面壮观。

在康县中部和文县碧口一带还有一种独具特色的“耍水龙”习俗，是过去祈雨时表演的一种民间舞蹈。“耍水龙”仅限于久旱不雨的年份，为祈求“龙王降雨”，参神拜庙后才能“耍水龙”。水龙用柳条草枝扎成九节龙形，由一群青年赤臂短裤，举水龙在烈日下走街串巷，挨家舞耍。各家各户先备好水，水龙到时以水猛泼，舞龙者左遮右挡，直至水泼完方停，耍完后将水龙掷于山涧或河中。

## 狮舞

狮舞，又称“狮子舞”“舞狮”“舞狮子”。狮子象征着吉祥如意，从而在舞狮活动中寄托着民众消灾除害、求吉纳福的美好意愿。陇南各地均有狮舞表演。狮子一般用竹、木、彩布扎制裱糊而成，用着色大麻叶丝辫编成狮身，形象生动逼真。表演时一人掌顶狮头，一人“摇要”狮尾，一名武士手持红灯在狮子前面引舞，表演一些诸如狮子滚绣球之类的舞蹈，狮子作猛扑、跳跃、打滚、抖毛、跳凳子、上桌子等各种动作，或轻柔缓慢、摇头摆尾，或张牙舞爪、热烈奔放，妙趣横生。有些舞狮队伍还有若干“小狮子”相随进行表演，气氛喜庆欢快。

武都区两水镇农民表演狮子舞

狮舞在各县（区）都有表演。

## 划旱船

划旱船又称“跑旱船”，是一种模拟水中行船的民间舞蹈。旱船是依照船的外观形状，用木条、竹子扎成尖顶翘檐状的上顶，然后用彩布、纸花做成船身，套以窗帘、彩门、花束，下围缀绘有水波纹饰的棉布裙。船内有一少女，手扶船沿“坐”在船中，俗称“船姑娘”。表演时，由一名“艄公”在前头划桨引船带路，做出各种划船动作，而驾船的“船姑娘”碎步快速紧跟其后，随着“波浪”起伏、旋转、颠簸，颇为形象地表现出水面行船的情景。

武都区城关镇农民表演划旱船

“跑旱船”时，一般使用的伴奏乐器是锣、鼓、钹等打击乐器，有的地方也加上一两支唢呐伴奏，或伴以小调演唱，气氛热烈，欢快热闹。

划旱船舞在各县（区）都有表演。

### | 高跷 |

高跷俗称“踩高跷”，表演者站在两根木棍上，将双脚与木棍紧紧捆绑在一起，边行走边表演各种动作。

高跷源于古代百戏中的一种表演。一般以集体形式表演，人数十多人至几十人不等，舞者大多扮演某个古代神话或历史故事中的角色，服饰多模仿戏曲行头，常用道具有扇子、手绢、木棍、刀、枪等。高跷的表演形式有“踩街”和“撂场”两种。“踩街”表演比较常见，在街道上行走；“撂场”有集体边舞边表演各种队形的“大场”和两三人表演的“小场”，多男女对舞，有时边

武都区两水镇农民表演踩高跷

舞边唱。由于踩跷演员比一般人高，便于远处观赏，因此深受群众喜爱。

高跷是陇南各县社火表演的重要组成内容之一。所使用的木跷从十五厘米至两米不等，故也有“高跷”与“低跷”之分。表演风格上，又分为“文跷”和“武跷”，“文跷”重行走和故事情节表演；“武跷”重技巧和功夫表演，形式活泼多样，极具观赏性。两当县、西和县将高跷列入县级非物质文化遗产名录。

### | 霸王鞭 |

霸王鞭也称“棒棒鞭”“鞭子”，有的地方也叫“打花棍”“打钱串子”，原为祭祀活动中的一种法器，后成为民间娱乐活动中的一种器具。主要流行于康县长坝、城关、王坝乡一带。

康县王坝镇霸王鞭表演

霸王鞭用一根二尺许的木棍做成，鞭身中间留五寸手握，两端各留九寸，均匀各凿三个洞，穿铜钱六枚，再在木棍上彩绘花纹，两端系上彩穗，彩穗用各种彩色毛线或丝线制作，舞动时不仅可以听到铜钱撞击的声音，更可以欣赏到彩穗飞舞的场景，是一种群众喜闻乐见的民间传统舞蹈节目，一般在传统节日、庆典活动及乡村庙会上演出。

霸王鞭可几人表演，也可几十人共同表演，人数不等，队形如秧歌。霸王鞭表演者一人手执一根两端串有铜钱的木棍，动作粗犷豪放，矫健洒脱，节奏流畅，气氛欢快，其表演动作主要有摇鞭、跌脚、踩脚、纵身、腰翻身、二踢脚、逶鞭、击臂、击腋窝、击肩、叉腰、缭绕、滑鞭、跨步、挡鞭、抡鞭、挪鞭等十多种。在表演中，舞鞭者手持霸王鞭，随着锣鼓等乐器的节奏，忽上忽下，时左时右，或用鞭触肩头、脚尖、手掌、臂腕等不同身体部位，鞭杆绕身，彩穗飞舞，动作整齐多变，铜钱叮当作响，令人眼花缭乱，目不暇接。

霸王鞭表演时由三至四人执小镲、碟子、三弦等乐器伴奏并演唱，其唱词和曲调以康县民间小调为主，以分节歌的形式出现。

唱词以说唱历史典故为主。演唱带有浓厚的康县地方风味，纯朴浑厚，高亢明亮，韵味隽永，独具艺术魅力。

## | 河池小曲 |

河池小曲，又叫徽县社火曲，徽县古称河池县，故名。其内容丰富，曲目较多，词曲较定型化，多有完整的演唱文学脚本，艺术上较为成熟和完善。在徽县、两当县、成县等地广泛流传。河池小曲就其宋元时期“勾栏”化的演唱形式，以及虞关老百姓即兴编唱的赞颂徽县籍人士郭御史的《罗汉洞》一曲来看，早在400多年前河池小曲就已广为流传。

河池小曲从曲式结构上看，多属分节歌形式。演唱形式有独唱、对唱、帮唱等，多在公众场合坐下演唱。具有演唱自由，节奏整齐，抒情优美，表现力强等特点。从文字结构上看，歌词格式多为七字式，也有长短句式，唱词丰富多变，富有格律。其内容多具叙事性特点，采用四季、五更、十二时等时序体，用饱含地方特色的文学语言描绘生动的艺术形象和丰富的生活画卷。

徽县泥阳镇河池小曲演唱

河池小曲是以说唱音乐为主，兼具文学、舞蹈、戏剧等特征的综合艺术。通过歌、乐、舞等形式表述故事内容，或以唱、念、做、打的戏曲性表演体现人物性格、表情、神态、戏剧情节等，具有一定的艺术渲染力和表现力。

河池小曲的演唱不同于山歌与号子，往往以地摊的形式出现，在农家小院、村社大场，摆上桌子、凳子，生上木炭柴火，煨上罐罐茶坐下演唱，别有一番情趣。河池小曲有独唱、对唱和帮唱等形式，由民乐队伴奏，有前奏、间奏、后奏、引子、尾声和曲牌。河池小曲曲目较多，代表曲民间戏曲（小戏）类《钉缸》《买花线》等，咏歌类《八仙庆寿》《拜年》等，叙事类《关公保皇嫂》《赵匡胤送金妹》等。

| 陇南市主要旅游节会 | 活动时间 |
| --- | --- |
| 武都南山桃花旅游艺术节 | 每年四月 |
| 陇南万象洞旅游文化艺术节 | 每年九月 |
| 武都千坝草原旅游观光节 | 每年六月 |
| 成县西峡文化旅游艺术节 | 每年五月 |
| 文县采茶节 | 每年清明前后 |
| 文县白马藏族风情旅游艺术节 | 每年七月 |
| 宕昌县官鹅沟旅游艺术节 | 每年八月 |
| 各区县社火 | 每年春节、元宵节 |